中間·中堅

島嶼中心的不平凡

在台灣島中央，有一塊清淨的所在，
能讓你沉浸在鍾靈毓秀的自然美景中，
更帶你遇見幸福未來的樣貌。

駱亭伶、李政青　著

目錄

序

南投，心中的夢想之都

盛治仁　雲朗觀光集團總經理

位於台灣中心位置的南投，是公司所屬雲品溫泉酒店的所在地，也是我過去十年來頻繁出差之處，心裡已經是半個南投人了。因為有美麗的日月潭，才能有雲品酒店的營運，我們對日月潭和南投，充滿了感情和感恩。我心目中的南投，自然環境風光明媚，人們勤懇樸實，腳踏實地。在拜讀了本書之後，更是印證強化了原來的印象。

南投勤樸的人們，從良善的心出發，帶動了社區的發展，不但提升了在地人民的生活品質，還進而讓台灣在國際上發光。透過本書描述在南投發展的六個面向，從解決問題和滿足需要的善念出發，貫穿這些計畫的是堅持，把好的概念落實執行到開花結果。

舉例來說，合歡山暗空國際公園能成為台灣第一座國際暗空公園，是一件不容易的事。隨著商業活動的開展，山上的電子看板和路燈都造成原本適合觀星的地方產生光害效應，也對昆蟲和動物生存造成威脅。一群「台灣星空守護聯盟」的熱情志工們就開始串連在地力量，並發起請願活動。星星之火可以燎原。這樣一個善心逐漸凝聚力量，透過跨單位的整合及商家的配合投入，成為亞洲第三座國際暗黑公園。

書中的其他案例，不管是清境、茶葉、咖啡還是鳳梨酥，都可以看到一群人實現夢想的過程。其中日月潭萬人泳渡活動，更是令人印象深刻。從埔里四季早泳會從一九八三年辦理的小型活動開始，到現在成為接近兩萬人參加的年度國際性活動，中間必須克服的困難和挑戰，絕非外人所能想像。我想起一句在《牧羊少年奇幻之旅》書中的話：「當你真心渴望某件事時，全宇宙都會聯合起來幫助你。」

談南投的發展，不能漏了幕後推手林明溱縣長。記得有一次在縣府參加了泳渡記者會之後的拜會，聽到縣長對南投發展的熟悉和藍圖，令人佩服，完全符合書中關於林縣長如何開源節流、改善財政、活化資產並促進南投發展的各種創新做法。一位能夠接地氣、苦民所苦的行政首長，自然能夠用盡心思為民興利。

在我心裡，南投，不只是茶葉之鄉，清靜之地，文創之源，更是夢想之都。歡迎大家有空常來！

序

咱逗陣　美好向前行

林明溱　南投縣長

九二一，二十多年前的凌晨一點四十七分，南投讓台灣、世界都受到了震動，這場百年大地震，震醒了全台，也震得南投民眾驚恐不已。當時擔任震央集集鎮鎮長，第一時間我趕緊騎著機車了解鎮內受災情形，鎮民們惶恐茫然的臉，至今依然歷歷在目。

二十多年後的今天，《中間．中堅：島嶼中心的不平凡》出版，當初受災民眾的驚恐臉龐，現在，化成了溫柔、堅定的笑容。

九二一大地震雖然重挫南投，在這裡我們要堅強地說，它，也重生了南投。歷經九二一，凍頂烏龍茶的故鄉——鹿谷，因為通往茶園的道路中斷，茶葉無法採收，茶農們意外發現並做出了含有蜜香的貴妃茶；歷經九二一，南投人在檳榔樹下種了咖啡，而且不斷擴散、蔓延，種植面積及產量都是全台第二。

今年（二〇二二）透過專案讓售計畫，我親手將建物及土地權狀發給九二一震災平價住宅的購屋戶，看到八十多歲奶奶實現買房子的一生夢想，我也感受到她那前所未有的喜悅。

震災以來，南投每個角落，都有像這位八十多歲奶奶一樣，為了人生目標而努力奮鬥的鄉親。南投茶農展現與茶共生共榮的精神，揉合傳統與創新，在台灣競爭激烈的茶葉市場站穩一片天。同樣努力打拚的咖啡農民，也用堅毅好學的精神，突破限制，讓南投出產的咖啡，飄香全世界。

在縣府開發的微型園區裡，已經有一群在地的知名廠家正在摩拳擦掌，準備大展身手；在醫院、衛生所，一群醫療人員默默付出，努力把有限的資源送進南投的深山裡；無論是在南投的哪個鄉鎮，都有一群人，從幼兒開始，從餐桌到課桌，不斷地付出心力，只是希望南投的小孩都能健康、快樂長大，開展他們的幸福人生。

這些年，合歡山多了一座全台唯一、亞洲第三座的國際暗空公園，清境有了一條兼顧安全與美景的高空觀景步道，還有雙龍七彩吊橋、瑞龍瀑布的空中觀景平台、國姓橋聳雲天綠雕公園、名間親子公園等。南投是觀光大縣，而且有了愈來愈多的觀光景點，加上萬人泳渡、南投燈會、南投世界茶業博覽會等大型活動，雖然近兩年碰到 COVID-19 疫情，但就像是九二一大地震一樣，堅強的南投愈挫愈勇，觀光發展從未停歇。

以後，如果我們在南投偶遇，別忘了與我分享，你們又發現了哪些美好，在台灣的正中央。

楔子

在南投，遇見不平凡的未來

二〇二二年下半年，COVID-19 疫情趨緩的第一個秋天，太陽從烏雲裡露出曙光。位在台灣正中央、心臟位置的南投縣，同樣朝氣蓬勃地迎向疫後新生活。

十月八日，第十二屆南投世界茶業博覽會在中興新村登場。「歡迎大家來找好茶！」在任內啟動茶博會的南投縣縣長林明溱，於開幕式上豪邁地熱情邀約，完全展現「阿伯」的親和力，現場氣氛 high 到最高點。為期九天的茶博，成功吸引八十萬人次參觀，茶葉銷售金額創下一・六億元的歷史新高。

相隔不到二十天，秋末冬初。

十一月四日，成千上百帶著望遠鏡、赤道儀、照相機、帳篷的熱血天文迷，聚集在合歡山暗空公園鳶峰觀星平台，全為了「Star Party」主題星空趴而來，眾人在最純淨的星空中，徹夜凝望宇宙

蒼穹。這個國際暗空公園經過南投縣政府觀光處兩年多努力，二〇一九年七月才獲得國際暗天協會認證，成為日本、韓國之後，亞洲第三座、台灣第一座的暗空公園，被譽為「東亞第一海拔三千公尺以上絕美觀星點」。

勤懇努力，以南投為傲

南投縣，面積四千一百平方公里，面積全台第二大；二〇二二年七月統計的人口有四十八萬八百九十十人，全台排名第十三位。地很大、人口不多，但南投縣有台灣最高峰玉山、最大天然湖泊日月潭、最長河流濁水溪源頭。

「好山、好水都在南投，我們有老天爺賜予的禮物，」林明溱在南投出生、長大，二〇一四、二〇一八年兩度當選南投縣長，八年間開源節流，讓南投從負債一百六十七億餘元的「窮縣」減債至九十一億元，發展五大地方特色產業園區、讓鮭魚回流南投務農、種咖啡、賣水果冰、南投醫院升級為區域教學醫院……縣民幸福感大增；他也在二〇一九年，成為南投縣第一位獲得《遠見》雜誌五星縣長肯定的縣長。

身為台灣唯一不靠海的縣市、資源不比六都豐富，中低收入戶名列全國前五名、人口老化全國前三名……南投縣如何扭轉劣勢，開創新局？

「南投縣民就像南投最純淨的自然環境，質樸而美好，」林明溱露出溫暖的笑容說：「勤勤懇懇努力扮演自己的角色，堅持不懈地面對工作與生活，從來不會被困難與挑戰打倒，而是挺直了腰桿，往前邁進。」

無論是一直留在南投沒有離開的、曾經在異鄉遷徙最終又回到南投的、或是來自台灣各地，因為愛上南投而移居南投的……愈來愈多人在南投找到生活與工作最平衡、舒適的位置，在南投補上人生一塊重要版圖，驕傲地稱自己是「南投人」。

這裡的每一位「南投人」，有的從觀光、物產，為在地特色產業找出新路、將在地傳統文化發揚光大，有的因為對土地的愛、對社區的感情，投入偏鄉醫療、從托育到中小學無縫接軌的教育環境，讓南投教育打破城鄉差距的限制，孩子同樣擁有「一輩子帶著走的能力」。

在尋根與創業的路上，每個小小的人物和縣府攜手、努力付出，長出大大的勇氣和力量；讓最美的風景，發生在島嶼的中央。未來，南投人也將帶著這股匯集起的巨大能量，繼續這一段美好的旅程，將這樣平凡中的不平凡，交棒給下一代。

第一章

最美的風景 在島中央

TOUR

「世界上有兩樣東西能讓我們內心深深震撼，一是我們心中的道德法則，一是浩瀚無垠的星空。」

——康德，德國古典哲學家

在台灣島中央，就有這麼一塊清淨土地，能讓你與天空更靠近。

清晨享受曙光從薄霧中透出的美景，日間在鍾靈毓秀的山間漫步，到了夜晚，欣賞滿天星辰的壯闊景象，生命的美好唾手可得。

不知道從什麼時候開始，網路上流傳著「身為台灣人必做的三件事：登玉山、泳渡日月潭、單車環島」的說法，看起來挑戰度頗高，對於想輕鬆規劃遊程的人來說，如今多了一項新選擇——到合歡山國際暗空公園，一起仰望從天而降的億萬顆星星，親自體會在島中央——台灣最美的風景。

暗空公園

守護從天而降的億萬顆星星

如墨色絲緞般的黑夜，籠罩南投天際，成千上萬的星星，在無光害環境中恣意的閃爍，站在山頭許個願，希望這片美景能讓全世界看見台灣，看見南投。

星空消失的危機

一塊LED電子看板，和一群對光害最敏感的觀星愛好者，在高山上相遇，原本應該是對立的死敵，卻因懷抱著將問題化為機會的氣魄與想像力，戲劇化逆轉，促成了一連串民間和政府聯手，虛實攻守的守護星空活動，甚至催生了台灣第一座國際暗空公園。

「故事要從十年前的一場台灣天文盛宴說起。」台北市天文台協會會長劉志安記得，小時候只要下過午後雷陣雨，晚上就可以看到美麗星空。但近二十年來，台灣經濟起飛，高度工商化的副作用，便是日益嚴重的光害，想要欣賞滿天星斗就只能往高山上走。

而海拔高度在三千公尺左右的中央山脈，不僅光害少，還因大

南投縣山區的海拔夠高、光害少，夜晚能看到滿天星空。

合歡山保有完整的生態系，植物種類豐富，經常有昆蟲與夜行性動物出沒。

氣層厚度較平地薄，令天空透明度更高，公認是最佳觀星地點。於是如同武林高手奔赴華山論劍，每年十一月初的朔月時分，全台天文同好必齊聚合歡山翠峰，迎接一年一度Star Party。

二〇一二年星空盛宴的前一天，劉志安到比翠峰高一點的鳶峰去勘查環境。這塊隸屬南投縣政府的土地，過去一直是出租給販賣溫帶水果與蔬菜的攤商。但這回他發現多了一個供遊客打卡用的電子看板，路燈也換上更刺眼的燈頭。

眼看著LED看板一通電，原本適合觀星的地方將產生光害效應。他立即向南投縣政府陳情，縣府的回覆也頗負人情味：「看板旁有安裝一個電盒開關，觀星活動開始時，只要關掉燈源就成了。」

「但我們看到的其實不只是觀

清境星空
擦亮夜明珠

星，」劉志安說，合歡山是野生動物頻繁出沒的環境敏感地區，光害對於昆蟲和夜行性動物，將帶來巨大的危險與傷害。

當時政府單位與一般大眾還缺乏光汙染防治意識，他已預見LED燈將逐漸入侵平靜山林。他決定先在網路建立Facebook社群，發起「台灣星空守護聯盟」活動從宣導基本觀念開始。

第二步便是串連在地的力量。合歡山的鳶峰高度約二七〇〇到二八〇〇公尺，往下最近的聚落就是清境。二〇一四年初，劉志安透過朋友與清境永續發展協會理事長李從秀聯繫上，碰面一聊竟是相見恨晚。

「據說以前清境的星空，星星多到好像伸手就可一把抓下來，」劉志安嚮往地說，既然有這麼好的條件，只要好好維護，就能成為清境很棒的觀光資源，吸引旅客多住一晚。他提出了雙方合辦高山觀星活動的想法。

於是，台北市天文協會會員與同好，帶著自己的望遠鏡開車上山，提供導覽和觀星裝備，不收取任何費用，或許因為感受到天文愛好者是無條件、真心想要讓一般旅客感受星空的美麗，無私的情懷也感動了彼此，所以，清境永續發展協會向民宿業者募集房間，讓這些老師住宿，從二〇一四年暑假開始，連續合辦了三年觀星導覽活動。

很多民宿遊客看到滿天的星星都被震懾了，甚至有來自港澳的

發起台灣最高的請願活動——鳶峰星空保護區

旅人，因為第一次看到銀河而落淚，隔年不斷主動詢問。這整個過程都透過清境在地協會的朋友，讓南投縣政府了解。

二〇一七年七月，鳶峰擺販的租約到期，劉志安見機不可失，邀了二十多位天文同好到鳶峰辦了一場高山請願活動，目的是想啟動與南投縣政府溝通之門，希望能將鳶峰規劃為星空保護區。

這一場「台灣最高峰的請願活動」，是首度以星空即將消失為訴求的環保行動，媒體效應超乎預期，當天南投縣政府也派人前往參與。而台北市天文協會很快地收到當時的南投縣政府觀光處處長「希望跟觀星老師聊一聊」的訊息。這一聊發現不但可以在觀星議題上一起做一些事情，更可以「做得更好、玩得更大一點」。

劉志安印象深刻地說，當他走進觀光處的辦公室，牆壁上就掛著一幅清境景觀高空步道的施工圖，他告訴處長：「為了這座高空步道辛苦了，但遊客來了這麼多人，如果能用美麗的星空，讓他們留下來多住一夜，對在地觀光產值才有幫助。」這句話深深打動了處長的心。但是對於將鳶峰規劃為星空保護示範區，處長卻提出了

位於太魯閣國家公園內的合歡山，可說是符合國際規範的觀星天堂。

二〇一九年，合歡山國際暗空公園正式通過 IDA 認證，成為台灣第一座國際暗空公園。

不同的看法。

「劉老師你講的都很好，我了解，可是你會不會覺得鳶峰的範圍太小了？就一個三十、四十車的停車場大小，如果我們把整個合歡山拿下來呢？」

「整個拿下來，我們就能成立國際暗空公園。」劉志安回覆。

國際暗空公園的兩個條件

劉志安說，成立「國際暗空公園」有兩個基本條件，一是必須要有良好的星空品質條件。第二就是做好公園內的光害控制管理。台灣最好的星空就在玉山、合歡山跟大雪山，他有信心絕對沒有問題，剩下的部分就是光害的控管。光成立暗空公園還不夠，南投縣政府的「玩大一點」就是要向國際社會宣告在台灣的島中央——南投，有一座符合國際規範的觀星天堂。

想申請暗空公園的國際認證，

大崙山位於中海拔山區，周邊住家很少，保留完整植物生態系且幾乎無光害干擾。

就不能不知道國際暗天協會（International Dark-Sky Association，簡稱ＩＤＡ），其總部設在美國亞利桑那州的土桑市，是一個國際性非營利組織，一九八八年成立，宗旨在於保護夜間天空環境的黑暗，藉由管理室外照明的品質傳承星空，至今全球已有一百多個暗空公園與社區完成認證。

與南投縣政府觀光處達成共識後一個月，劉志安便把關於國際暗空公園的組織介紹、認證標準，包括如何申請及政府單位該做什麼事情，民間單位如何協助，做了一整套報告，與縣政府進行會議討論，便開始各自分頭努力。

二〇一七年底，縣政府首度參加星空盛會，正式向全台灣宣示南投縣政府會努力把光害控制下來，讓合歡山變成國際暗空公園。

由於整座暗空公園牽涉到太魯閣國家管理處、林務局東勢林管處、南投林管處、公路局及農委會特有生物研究保育中心，必須先進行跨部會協調會議，以及各單位的拜訪，最後透過南投縣政府進行橫向溝通，終於在二〇一八年初將整個合歡山暗空公園的範圍劃定下來，從鳶峰前兩公里開始，一直到北峰登山口，全長約十五公里的長度，並往道路兩旁各延伸五百公尺。

經過半年緊鑼密鼓的暗空公園戶外燈光的盤點、記錄造冊及改善，以達到六十五％的合格率。到了二〇一八年七月中旬，將申請文件送往美國的ＩＤＡ總部，最後終於在二〇一九年七月底，收到了期盼了整整一年的通知，合歡山國際暗空公園正式通過了ＩＤＡ的認證，成為繼韓國、日本之後的亞洲第三座，台灣第一座國際暗空公園。

掃街式盤點
改善戶外燈光

「無庸置疑的，南投縣對星空的守護、光害的防治領先台灣其他縣市，是真正的綠色觀光。」劉志安說，因為不只是水資源會汙染，光害也會影響農作物、植物的生長，這是較少人注意到的，他更感到欣慰的是，友善星空的漣漪效應已經擴散。

以清境為例，有四、五十間民宿開始有意識的控管民宿燈光，像是換上低瓦數的燈泡、加遮光罩和開關，招牌燈、探照燈提早關燈，是第一個友善星空的山上示範區。希望未來能擴散到廬山部落和台十四線裡的部落，讓整個合歡山的效應都展現出來。

這場由天文愛好者及南投縣政府共同合作帶動的友善星空計畫，如今已經感染至全台灣其他縣市。「包括馬祖大坵、澎湖七美都積極規劃想成為下一個國際認證的暗空公園，」劉志安繼續熱切地訴說，期待在不久的未來，台灣這塊土地將有更多被國際天文愛好者看到的觀星聖地。

此時此刻，突然想到印度哲人克里希那穆提的一句話：當一個人的意識興起了全面性的革命，這意識必然也將波及全人類。在每個人夢想摘星，為星空感動的同時，也將這份感動化為行動，因為腳踩的地球正是一顆宇宙的行星，值得永遠的珍惜與守護。

| 聚焦南投 |

國際暗空公園
優化觀星環境

合歡山國際暗空公園於二〇一九年七月通過國際認證，成為亞洲區第三處通過認證的場域。南投縣政府投入逾億元經費改善道路照明設施及旅遊設施，保育星空資源及完善旅遊服務品質。

合歡山暗空公園設立邁入第四年，星空保育有成，星空品質已達銀級標準以上，SQM 星空品質常態質提升到二一．三到二一．七之間，簽署「星空友善公約」的友善商店也從二〇二一的五十二家，大幅提升至七十二家，成長近五十%，成為台灣最佳觀星及提倡環保減碳旅遊地點。

位於南投清境，群山、雲海環繞，金色陽光灑落，呈現出悠然靜謐的氛圍。

清境

持續珍愛山林的美好

甩開陰霾天氣，南下清境。清新的群山環繞，幽靜氣氛似如往昔。站在清境高空觀景步道上，視野隨山勢爬升，開闊的雲海間隙，有金色陽光灑落，這幅景觀，正是清境舊名——「見晴」的寫照。

從研究生到民宿經營者

清境，總能喚起每個人記憶盒子中，那段珍藏的回憶。第一次與同學自助旅行、第一次全家人一起住木屋民宿、第一次帶國外朋友到農場餵小羊、第一次跨年賞雪……無論初識或重遊，無論是塵封或嶄新回憶，在清境寫下的故事，總是回憶中最晶瑩剔透的一段。

對清境觀光協會理事長、西雅圖璀璨雙城景觀山莊主理人蔣政緯來說，與清境相遇的故事，和其他人截然不同。一般人來清境是希望遠離塵囂，他卻是為「體驗社會」而來。十五年前，剛從文化大學歷史研究所畢業，因北上求學後，一路都在念書，所以上山到民宿幫忙。

蔣政緯說：「我是花蓮人，父母從事大理石產業，起先在清境山上買地、蓋房子，是想做為家庭休憩度假的地方。後來家人的事業重心轉移到中國，民宿便聘請專人管理。」

民宿的英文是Homestay、Guest House，或許是用一種款待客人分享心情，跟商業旅館的經營有所不同。蔣政緯發現，自己有很多想法跟當時的經理都不太合拍，經理離開後，竟也就此留下來。儘管不在生涯規劃之中，他一路參與了清境的成長，早已把清境當成第二個家。

從培育溫帶水果到國民旅遊勝地

「很多人以為清境的開發是從民宿業者進駐開始，其實在日治時代建立番社就開始了，」蔣政緯說，日本人一來，即對全台山林進行普查，在霧社事件後設立見晴農場。而真正有系統的開發，是在國民政府遷台之後。

因為叔叔是軍人，蔣政緯顯然對清境的歷史多了一份了解。

一九五九年，中橫公路霧社支線完工，國軍退除役官兵輔導委員會向南投縣政府購地，一九六一年，成立見晴榮民農場，計劃培育蘋果、高山梨等溫帶水果，輔導榮民務農，也設立眷村，安置從滇緬撤退的游擊軍和眷屬。

七〇年代，行政院推動土地放領政策，在榮民爭取下，開放清境部分土地私人買賣、多元應用。隨著國人經濟收入提高，旅遊

清境觀光協會理事長蔣政緯期望，透過與縣府、農場及在地居民的合作，讓清境成為具精緻及深度的觀光淨土。

風氣日盛，「清境國民賓館」於一九八五年落成，清境旅遊服務中心、青青農場步道、停車場陸續完成，清幽的山林景觀，吸引許多遊客前來。

一九九六年，隨著清境第一家民宿成立，週休二日到清境玩農場、住民宿成為許多家庭喜愛的旅遊體驗。一九九七年，清境農場推出剪羊毛秀等活動後，每年遊客達到三十萬人次。隨後而來的是港澳、星馬、大陸等華人旅客。從二○一二年開始，連續五年突破百萬遊客人次。

「在疫情之前，清境是外國遊客來台灣的首選，特別是香港遊客，」蔣政緯說，香港往返台中清泉崗機場一天有五個航班，三個小時就可以到一個與香港完全不同風景的地方。很多香港客人說，從香

港來清境，比台北人來清境還要快。

從最初的番社、眷村、農場到歐式民宿林立，清境的風水命格也真是奇特，算得上「車如流水馬如龍、花月正春風」。但不可諱言，觀光發展就像刀面雙刃，二〇一三年，空拍攝影師齊柏林執導的一部紀錄片《看見台灣》播映，清境的過度開發引起水土保持的爭議和討論，當時甚至連香港的旅行社都打電話來要求傳真民宿登記和消防執照，讓清境的形象遭受重挫。

蔣政緯說，清境可以分為上清境與下清境，「民宿最初從下清境開始的，幾乎都是從一條小路岔進來，擁有獨立的高山景觀，這是清境的特色。」很多民宿主人，最初只是想找一塊地看風景而已，所以早期民宿在蓋的時候，房間數不會太多，也有不成文的規定，每開發一分地，必得種下一定比例的樹，從五十到一百棵不等，去落實保育的概念。

興建清境高空步道前 與業者充分溝通

後來，清境發展逐漸朝向商業化方向邁進，雖然遭遇負評，但對當地居民和業者來說，唯有虛心的調整和檢視，才能讓自己的家園更好，更能永續發展。「對清境來說，二〇一六年清境高空觀景

走在清境高空觀景步道上，視野所及盡是廣闊山景，邊呼吸高山清新的空氣，心情特別放鬆。

可愛的綿羊群，讓春天的清境格外有活力。

步道落成，是很重要的轉捩點。」

蔣政緯說：「很感謝這項硬體設備在建設之前，南投縣政府與協會會員充分溝通。」一開始步道的規畫只有青青草原段，但經協會與縣長反映，希望運用縣府土地將青青草原到星巴克清境廣場，以高架步道連結起來，紓解台十四甲的交通，也避免遊客走在公路旁，與車爭道。後來經縣府、農場達成協議，保障遊客行的安全，也讓清境有了新的亮點。

不到一年，在地人及民眾幾乎感受不到施工黑暗期，全長一七〇〇公尺、寬二・五公尺的高空觀景步道已經落成。高度依山勢地形而設，是一條鋼構高架施工的木棧道，可遠眺合歡群峰、能高山及奇萊山系美景，為全台唯一能同時眺望中央山脈群山，並俯瞰農場景致的高空觀景步道。步道一路從青青草原商店街延伸至北邊草原遊客中心，也能銜接青青草原原有步道，直達國民賓館，串起全長約三五〇〇公尺的環線觀光人行廊道。

走在廊道上，旅客可以放鬆心情，呼吸高山鮮活清新的空氣。友善的步行空間，讓嬰兒車、輪椅都能順暢通行，兼顧不同年齡和族群的需求，是符合現代文明的高山旅遊景觀設施。

用心守護清境山林

蔣政緯本身參與協會理監事已經十多年，接任協會理事長則將近兩年，目前協會成員多為清境旅遊業者，年齡大約是三、四十歲的中生代，是一個很有活力的團隊，希望為地方盡一份心力，隨時與縣府、農場及當地民眾緊密合作。

究竟要如何讓清境變得更好？是協會成員念茲在茲最關注的事情。蔣政緯觀察，礙於清境並非國家風景特定區，爭取資源並不容易，所幸近幾年來縣長林明溱對清境很照顧，才逐漸看到一些建設。像是申請通過國際認證的合歡山國際暗空公園，讓清境在國際舞台站穩腳步，美中不足的是因為疫情，還看不出成效。但是也順勢在這段時間重新調整體質，讓清境的旅遊重質不重量，走向精緻和深度。

「春賞夜櫻，夏觀繁星，秋望滿月，冬眺白雪」擁有四季美景的清境山林，是台灣島中央一塊淨土，未來期望能夠持續受到眷顧與守護，繼續發光。

名間親子生態園區內設備多元，大小朋友都能在這裡玩得盡興。

先只有在夏天的假日期間開放噴水，但因為深受許多遊客喜愛，建議可改成 5 到 10 月間開放，目前也已確定施行。至於廁所問題，原先的位置距離園區較遠，建議可在較近處增設廁所；目前得知，預計近日會開始進行園區內廁所的設置。

除此之外，名間親子生態園區具備相當完善的規劃與設計，真正兼顧到家長和小朋友的喜好與需求，李玉華認為，相信這就是開放至今仍絡繹不絕的主因。

李玉華表示，遊戲場不只是給孩子純玩樂，更有促進親子親密關係、活絡周邊產業（如：觀光、幼教、設計等）的效益。近幾年，她很高興有愈來愈多公家單位重視兒童遊戲場領域，也會主動和特公盟接洽與合作；而特公盟更希望藉由公私協力，為台灣的所有孩子，建構出安心和樂趣十足的樂園。

｜聚焦南投｜

南投最大兒童公園
名間親子生態園區

二〇二一年十二月十九日，名間親子生態園區正式開放，是南投縣最大的兒童共融公園，占地達二．六公頃，具有景觀、生態和親子遊憩的功能。

在最受大小朋友歡迎的大型遊具區中，尤其以五公尺高的彩色巨無霸大型磨石溜滑梯最吸睛，還設有電動遮陽棚；其他還包括圓盤盪鞦韆、鳥巢式鞦韆、彈跳床、大型攀爬設施等。

長期耕耘、推動公共遊戲場改造的社團法人台灣還我特色公園行動聯盟（簡稱特公盟）副理事長李玉華表示，非常樂見南投縣政府願意投入，共同為守護兒童遊戲權來努力。

她分享，在名間親子生態園區啟用後，南投縣政府便主動找到特公盟團隊，請他們從使用者體驗的角度，協助觀察和盤點園區的整體情形。

李玉華表示，半年下來，特公盟歸納出以下幾個需要再留意的地方。

在親子生態園區內設置電動遮陽棚，足可見對大小朋友的貼心，而這是許多兒童共融式遊戲場都還沒有的設備，可說是走在設計前端。不過，由於長期曝曬、風吹或雨淋，難免偶爾會出現卡住狀態。因此，若能更落實維護排程，將有助於提升使用效益。

告示牌的部分，本來都是文字條列、周圍略有插圖的呈現；後續，特公盟會協助調整成更友善的圖文告示牌。戲水空間方面，原

雙龍七彩吊橋

2020 年開放，全長 342 公尺、離河谷最深達 110 公尺，是全台最長、最深的景觀吊橋，可遠眺雙龍瀑布，俯瞰山谷周圍的壯闊景色。

摵龍步道

全長約 2.5 公里，延著自然水流山溝開闢而成，自然生態相當豐富。

國姓橋聳雲天綠雕園區

位於「公路八景之首」國道 6 號國姓交流道下，占地約 10 公頃，園區內栽種多種香草、蜜源植物，還有 3 座大型綠雕意象。

| 聚焦南投 |

生態祕境
探索南投之美

瑞龍瀑布園區

歷經多次整建，2022 年正式開放，設置了友善高架步道及跨河空中觀瀑平台，適合闔家出遊，一覽氣勢磅礴峽谷風光和竹山第一美瀑。

日月潭，全台灣最大、最美麗的高山淡水湖泊。

日月潭

萬人泳渡，驅動挑戰的勇氣

有人說，身為台灣人，此生必做三件事：一、登頂第一高峰玉山，二、泳渡日月潭，三、單車環島。而你，完成了幾項？

日月潭，是台灣最大的淡水湖泊，可以說是最美麗的高山湖泊。許多人就算不是親眼所見，也一定看過這樣的照片：陰天，四周環山的日月潭湖面，籠罩著飄渺霧氣，就像一位薄紗掩面的少女，氣質空靈，令人不自禁地想要親近。晴天的日月潭，又是另一幅風景，乾淨的湖面像鏡子一樣，倒映著周邊景色，美得宛如人間仙境。

泳渡日月潭活動自一九八三年開始舉辦，至今已經是揚名國際的重要活動，每年都吸引國內外泳客前來參與，由於活動現場有完善的安全規劃及防護設備，只要具備長泳能力，年齡在八歲以上，七十五歲以下，就可以報名，即使是行動不便的身障者，也能安心

現在的林玄崇（左）和張慧鳳（右）夫妻，在台中經營宏姿蘭園。

林玄崇在 2019 年完成泳渡日月潭活動，並且獲頒證書。

參加。

目前在台中經營宏姿蘭園的林玄崇及張慧鳳夫妻，就是最好的案例。

不畏挑戰
堅持三十載

林玄崇曾經是台中身障福利協進會游泳隊一員，十歲那年，因注射小兒麻痺疫苗反而發病，導致行動不便，為了持續運動、減緩肌肉萎縮，他加入協會，養成游泳習慣。他說：「游泳是最適合身障者的運動，畢竟很多運動的動作我們做不來。」游泳的好處不少，有些身障朋友原本手舉不起來，游泳之後，手便可以高舉；另外體力也會變好，甚至對改善過敏、氣喘都有幫助。

近幾年，林玄崇很感謝台中市身心障礙游泳協會，提供一對一的教練訓練，還有志工幫忙推輪椅。所以不管春夏秋冬，他每天早上六點到八點必定準時到泳池報到，游上一千公尺，還跟著泳隊去挑戰日月潭萬人泳渡，次數多達六次。

「我第一次就游過了喔，若不是假日要做生意，我每年都想去游。」林玄崇的眼裡滿是自信。他參加日月潭泳渡活動想法很單純：「一般人可以做的，我覺得身障者應該也可以！」

對他來說，最難忘且最有意義的是二〇一九年九月和太太一起參加的那一回。「我們是在游泳隊認識的，三十年前我老婆沒有游過去，這次想陪她完成橫渡日月潭的心願。」參加前的一個多月，愛情長跑多年的兩人才剛辦完婚禮。

參加泳渡後
勇於挑戰以前不敢做的事

張慧鳳因為小時候爬上屋頂上玩，不小心摔下來而導致腦部受傷、神經受損，從此左手左腳無法施力。三十年前那次游日月潭時，因為手的力氣不夠，被人在半途撈起來。二〇一九年再度挑戰時，原本沒什麼信心，多虧林玄崇不斷加油打氣。張慧鳳說：「早期挑戰泳渡日月潭時，要靠自己游，教練在旁邊顧，現在多了一條繩子，教練全程拉著選手，安全很多，不太需要擔心。」

張慧鳳認真練習，在活動開始兩個月前，每天至少以蛙式游一千公尺。活動前一週，也特地前往日月潭試水溫。這一次，張慧鳳游完了全程。

「真正做到的時候，非常有成就感與滿足感，覺得以前不敢做的事情，現在敢去做了。」兩人一致認為，參加日月潭泳渡最大收穫是，一股挑戰的勇氣，讓內心充滿能量，也會擴充到生活的其他面向。

張慧鳳說：「像是上瑜伽課，是以前都不敢想的，現在會覺得只要老師願意教我們，就去學習怎麼利用呼吸和力量去把動作做出來。」這對泳渡日月潭的神仙眷侶，還進一步挑戰東北角的浮潛。

日月潭國際萬人泳渡嘉年華自 1983 年創辦以來，每年吸引超過兩萬名海內外泳客參加。

日月潭泳渡是體驗
台灣文化和精神的機會

「教練說，看到浪就要潛下去，等浪過了再起來，才不會被浪打到。」林玄崇分享，在海水裡，跟游湖又是完全不一樣的感覺，只要踏出一步，都會看到一點不同的世界。

數次參加日月潭泳渡活動，林玄崇覺得現在主辦單位對活動的規劃比從前進步很多。「以前沒有拉紅線，近視深的人，游到後面已經失去方向感，現在是兩邊都有拉紅線，只要一越線，工作人員就會提醒你，不會游偏掉。」此外，像是讓身障者優先下水，或是增設殘障坡道，都感覺比過去方便。「南投縣政府會主動打電話給我，詢問我的意見，有沒有可以多增加什麼設備與服務，讓身障者參與時更加安心。可以感受到縣政府舉辦活動時熱心積極的態度。」

日月潭國際萬人泳渡嘉年華自一九八三年創辦以來，每年吸引超過兩萬名海內外各地泳客，其中有將近兩百位身障朋友參加，儘管有的朋友是肢體、視力……等各種障礙，都無懼外界的眼光，讓人非常敬佩，他們也是日月潭泳渡活動永遠禮遇優先下水的VIP。

這項活動每年除了吸引許多國家的國際頂尖選手之外，還有體育媒體也會來台參加，為南投縣內帶進至少兩億元運動觀光產業商機。不但讓世界體壇看見南投，同時獲得二〇二〇年台灣國際賽十二金選新星賽事的殊榮。

每年日月潭萬人泳渡活動，不但吸引全台民眾，亦有不少外

時任加拿大駐台北貿易辦事處代表芮喬丹在2019年、2020年，都曾率領同仁一起參加日月潭萬人泳渡活動。

國朋友參加。時任加拿大駐台北貿易辦事處代表芮喬丹（Jordan Reeves）熱愛戶外運動，在二〇一九年、二〇二〇年，分別都率領同仁一起參加日月潭萬人泳渡活動，也鼓勵他的外國朋友組隊參加，成了最佳活動大使。

芮喬丹來自北溫哥華，剛好在城市與森林的交界，所以從小熱愛戶外活動，即使因公派駐世界各地，也都會去尋訪大自然。

二〇〇二至二〇〇六年時，芮喬丹擔任加拿大駐台北貿易辦事處副處長，二〇一八年再度派駐來台。第一次來的時候，台灣還沒有高鐵，那時就常帶著孩子、開著車全家一起去墾丁玩，也爬過玉山和雪山。如今孩子大了，他和太太喜歡去台東的都蘭、東河衝浪，住民宿。也跟夥伴結伴爬過南湖大山、

萬人泳渡系列活動，由公開水域游泳錦標賽拉開序幕。

合歡山和清境，參加陽明山的台北大縱走，芮喬丹說：「台灣是一個很適合探索大自然的地方，我愛台灣。」

之所以會參與泳渡，是因為加拿大駐台北貿易辦事處前處長，因為兒時玩伴因意外過世，便號召辦事處同仁一起參加日月潭泳渡活動，紀念與好朋友一起游泳、共同成長的歷程，是一種很正面且很有意義的方式。

「我覺得同事一起參加泳渡活動，可以建立團隊精神，又能體驗台灣文化和台灣精神，就持續鼓勵同仁參加，」芮喬丹因為跟澳洲辦事處的代表熟悉，還因此下戰帖邀請他們一起來挑戰。就這樣也帶動另一家加拿大公司北陸能源（NPI）公司台灣分部的員工一起加入，讓更多人共襄盛舉。

泳渡是團隊進行教育訓練的最佳活動

談起第一次參加的經驗，芮喬丹說：「因為不知道現場的狀況如何，加上全程三千公尺，挑戰不小，所以我們提早兩個月前開始準備。我自己也會利用週末到圓山俱樂部的大泳池練習。」

此外，由於參加活動的人很多，很難訂到同一個飯店，所以辦事處的同仁們各自開車，分住不同的地方，再相約在朝霧碼頭集合。芮喬丹說：「本來擔心會找不到彼此，沒想到時間一到，大家都出現了。」

芮喬丹回憶：第一次參賽感覺很新鮮，因為現場人多加上風浪，兩三個同事一組，游一游就會停下來，在浮台旁休息、拍照，

藉由日月潭萬人泳渡活動，有助於建立團隊的共同意識。

吃著主辦單位準備的零食。結束後大家一起到伊達邵碼頭附近的餐廳聚餐，完成共同目標，團隊很開心，至今他都還保留著第一次參加時，主辦單位送的紀念毛巾。

芮喬丹也認為，主辦單位很貼心，每五十公尺就會設置一個休息站，確保參加者安全無虞。快到終點時，因為擔憂泳者體力不足，工作人員會在岸上幫忙，拉大家上岸，感覺很貼心。「對於南投縣政府，我唯一能說的就是感謝你們辦了這個活動，在人山人海的現場，一再的宣導安全措施並嚴格執行，像是參加者都要帶浮板、戴反光泳帽，也有拉警戒線，看得出來主辦單位的用心。」

體驗濃厚的台灣人情味

至於建議，芮喬丹則認為，因為活動十分受歡迎，一開放很快就報名額滿，對於不懂中文的外國人來說，可能會卡關在報名，甚至因此搶不到參與名額。如果能夠設計一種針對外籍學校、企業、社團的報名機制，並結合住宿、接駁交通等環節的配套措施，相信會更容易把活動推廣到在台外國人的社群。

「不過，日月潭萬人泳渡活動，很適合做為公司教育訓練的一環，容易建立起團隊共同意識（TEAM BUILDING）。此外，這也是一個可以深入了解台灣的最佳機會，」芮喬丹分享，藉由入住在地民宿，直接接觸到當地文化，十分難得。他也分享第二次參與時，熱情的民宿主人父子一大早用摩托車載芮喬丹去碼頭集合，對他來說，不光活動有意思，也間接體驗了台灣濃濃的人情味。

日月潭萬人泳渡活動，不只是單純的戶外運動，更多的是關於社交和人際溝通的意義。能夠用一段特別時間，與這麼多泳者勇士一起，在水中待一、兩個小時，享受大自然的美好，看著岸上令人驚豔的風景，這種完成人生必做大事的壯闊情懷，令人永生難忘。

就連遠在美洲的加拿大，都有泳客來參加日月潭萬人泳渡活動。

合歡山

第二章

探索茶與咖啡間的距離

TEA & COFFEE

文學家林語堂說：「每一片茶葉的浮沉，都是一種緣定，不空不味。一個人在這種神清氣爽，心氣平靜，知己滿前的境地中，方真能領略到茶的滋味。」

而被稱為現代法國小說之父的奧諾雷．德．巴爾扎克（Honoré de Balzac，一七九九到一八五〇年）則認為：「咖啡從到達胃囊的那一刻便開始撥動你的思緒。你會不斷生出新的點子，想出好的比喻，思如泉湧。」

茶與咖啡在人們生活中扮演了不可或缺的角色，而這兩大飲品則在南投的崇山峻嶺間，各自芬芳，從不同達人手中，互相激盪，展現出屬於南投在地獨特的姿態與風味。

不靠海的寶地

世代傳承，與茶同行

帶著祖輩的祝福與庇蔭，南投茶農與茶共生共榮的精神，不曾因為時間的流逝而消失，無論一直留在南投或離鄉重返，這塊土地永遠是他們最深的依戀。

南投是台灣唯一不靠海的縣市，地形以丘陵、台地、盆地及山地為主，各地年平均溫度約介於攝氏十五度至二十五度之間。隨著海拔高度的變化，山區日夜溫差極大，造就出複雜的地理面貌。這種風土特色反映在物產上，建構出南投農特產品種類豐富的形象，從各式蔬果、花卉，到特有作物如茶葉、香菇等，十分精采，其中，茶葉種植面積是全台最大的。

南投境內有許多茶園，圖為知名的八卦茶園。

老天爺賜予的禮物

想拜訪南投茶鄉，必得往山上走去，彎來繞去的路況，四周不是田野就是杉林，山谷間一畝畝恍若綠色等高線的茶園，更是一路緊緊相隨。

南投的茶葉好，眾所周知，茶葉的種植面積占全台灣約五十五％，產量多達六〇％以上，長久以來，穩居台灣茶葉生產縣市的冠軍寶座。

這全得歸功於老天爺賜予南投得天獨厚的地形與氣候。南投山多，五百公尺以下有名間茶區，四百公尺至一千公尺的有竹山、日月潭、凍頂等三個中海拔茶區，還有一千公尺以上的玉山、杉林溪、合歡山及大禹嶺等四個高山茶區，一個縣市能擁有「八大茶區」，而且每個茶區各具特色，可謂奇觀。從氣候來看，台灣山區多雨，雲霧繚繞、水氣豐沛，出產的茶葉也格外香醇回甘。

走訪茶鄉，隨口和茶農一聊，可以發現許多人投入畢生心血在茶園上，而且大半都是從父祖輩就開始與茶為伍的生活。早在一九七六年，鹿谷鄉農會就獨步全台舉辦茶葉競賽，勝出者稱「特等茶」，是各地比賽茶的濫觴。即便遭逢九二一地震，山崩地裂、茶廠傾頹倒塌，南投人咬著牙從災區站起，茶照種、比賽照辦，茶廠倒了再蓋，設備還趁機更新。重災區的日月潭甚至趁著這個契機，砍掉檳榔樹重新種起紅茶，經營出享譽國際的台茶十八號——日月潭紅玉紅茶。

今年參加南投世界茶業博覽會的李亞駿（左），是第四代鹿谷茶農，曾離鄉在外數年，才又返鄉做茶。

跟茶葉 一起長大的孩子

到了二〇〇〇年，南投縣政府開始舉辦「南投世界茶業博覽會」，為南投茶業發展帶來更強的支撐力道。茶博年年成長，光是在二〇二二年九天展期中，就吸引八十萬人次，創下一・六億商機，在全台茶業的冠軍地位無人能及。

第四代的鹿谷茶農李亞駿，是離家後，才返鄉投入茶業的典型。李亞駿的父親是第三代茶人，母親是鹿谷鄉生活茶會的創會會長，從國小開始，他就曾參與小小泡茶師的課程，專注於茶藝學習；國中離家去竹山念書，大學在高雄，退伍後在台北當資訊工程師，只有週末假日才能回家幫爸爸做茶。

李亞駿返鄉繼承家業的起心動念，是被公司派駐大陸杭州的那一年，他心情上有了轉變。杭州出產龍井綠茶，也是茶葉重鎮，人文氣息濃厚。不管是氣候或環境都很像鹿谷，總讓李亞駿想起兒時的鹿谷形象。離鄉在外的他，過年過節就迫不及待想趕快回家陪家人；假期結束回到杭州，行李箱裡要帶給同事禮物，光是家鄉的凍頂烏龍茶就占據了一大半。李亞駿在深思過後，覺得朝九晚五、長期在電腦前的工作並不適合自己的個性，於是決心要回到鹿谷試試看。

回到鹿谷家鄉後，他跟著爸爸上山製茶，在家練習焙茶，跟著媽媽學習茶藝。時間多、想做的事也很多，李亞駿突然有點迷失，他重新審視自己，原來以前對於茶並沒有深入的了解與認識。於是他藉由學習茶藝、烘焙茶葉和茶葉的製作來磨練自己的功夫，後來藉由參加課程和競賽，像是鹿谷農會評茶班，茶業改良場（簡稱茶改場）的感官品評初級、中級及中高級課程，凍頂茶業發展協會與南投縣政府合辦的製茶和焙茶競賽，才真正踏入茶的世界。

再次看見茶葉的魅力

有別於因思念而返鄉做茶的李亞駿，羅正彬則是另外一種案例——內心排斥務農，因緣際會再回到南投種茶。

羅正彬的爸爸是茶農，他卻排斥務農，他說：「應該是從小看到怕，只想逃離鄉下，崇尚都市生活。」

高中畢業後，羅正彬離家念大學，後來又到大陸工作，先後在食品廠及電子廠待了幾年。三十一歲時，向外擲去的人生終於像迴力鏢般轉個彎又回來。契機是爸爸身體不好，但羅正彬坦言內心空虛才是主因，「在外面歷練幾年，沒有特別成就，反而發現以前那

李亞駿（右二）和一群青年農民夥伴（由左至右：阿綸、阿凱、李亞駿、阿宣），在茶產業努力打拚。

個不喜歡、急著想逃離的家鄉，其實有很多可愛、漂亮的地方。」

然而，羅正彬還是不想走父親那條傳統茶農的路。太太蔣妮靜說：「傳統茶農是把茶葉種好之後，賣茶菁給茶廠，然後茶廠把茶葉做好，茶販去找茶，茶農種了茶、賣完茶之後，其他都不管，也很少走下山。」

羅正彬不想這樣，雖然剛回家時，除了在自家茶園幫忙，也在朋友的茶園打工，後來朋友建議他既然家裡有地，回家種比較實在，羅正彬這才專心經營自家茶園。他把自己當成一張白紙，不只種茶，還跑去茶改場上課，兩年內把所有相關課程上完。

羅正彬認為：「老一輩茶農會覺得製茶靠感覺，是因為沒有上課，家裡怎麼做就跟著做，口耳相傳，製茶過程當然很模糊。」但在茶改場不一樣，有標準化依據，譬如茶葉發酵多久？重量減多少？兩次之間能比較觀察出不同發酵程度，以及呈現出的不同風味。

不只向外學習種茶的專業技術，羅正彬也積極整合在地茶農，期待以團隊力量共學共好，走向轉型之路。而屬於羅正彬與茶葉的故事，將會為南投帶來怎樣的驚喜，令人期待。

無論留鄉或返鄉，對南投茶農的下一代來說，「茶」是人生起點，也是轉折點。帶著祖輩的祝福與庇蔭，南投人與茶共生共榮的精神，不曾因時間流逝而消失，無論一直留在這塊土地或離鄉後返鄉，傳承並發揚南投茶業的理念，會是他們堅持不變的目標。

走在時代前端

南投茶葉，優質茶的代名詞

茶葉是人們生活中不可或缺的飲品，許多地方產茶，優點與特色各異，如何在競爭者眾的市場中搶下一片天，南投茶農們可說是卯足全力。

茶葉，是台灣最具代表性的農特產品，台灣茶農種茶、製茶技術一流，即使咖啡以新興飲品之姿，迅速攻占消費者市場，茶在台灣人的心目中，依舊占有不可取代的一席之地。

創新研發新風味茶品

在南投，就有一群茶農，因應艱鉅的市場變化與挑戰，卻絲毫不退卻，以創新研發、符合時代潮流的方式，投入茶產業，即使遭遇困境，依舊不改初衷，就是要為南投茶業拚搏出一片天。

李亞駿特別分享一款鮮為人知的茶品，在九二一大地震後才正式命名。當時通往茶園的山路斷了，等修復後，茶農發現茶樹遭受小綠葉蟬的吸吮叮咬，經由凍頂烏龍茶的傳統工序製作，發現茶品

貴妃茶是鹿谷才有的特殊茶種。

不僅具有東方美人的蜜味花香，更有凍頂烏龍的甘醇底蘊，於是正式命名為「貴妃茶」。

他說，貴妃茶在烏龍茶中是兒茶素最豐富的茶品，同時是公認最難沖泡也最難烘焙的茶。有時焙到一個程度，蜒仔味—蜜味會突然不見，必須經過多次調整焙火工序，味道才會恰到好處。如果只是略帶蜜香，滋味不夠濃郁，只能稱為蜜香烏龍，無法以高雅的貴妃來稱呼。

揪團投入有機認證

種茶製茶不易，獲得有機認證更難，這點羅正彬心有戚戚焉。

在台灣茶產業眾多經營者中，要拿到比羅正彬更多認證的並不容易。他的茶園有生產履歷認證、杉林溪產地標章、有機認證。茶廠則通過衛生安全製茶廠評鑑，二〇一〇年更成為台灣第一家拿到全球良好農業規範（GLOBAL G.A.P.）的製茶廠。而當現代人視茶為一門藝術品嘗時，羅正彬則回到生產者本質，認為：「茶是一種定性定量，可以有SOP（標準作業流程）的農產品。」

談起推動認證的源起，要從二〇〇六年開始，當時茶改場推動產銷班，羅正彬找了幾位父執輩的朋友一起成立，一個資歷最淺的年輕人帶著一群老農轉型。二〇〇七年又響應政策，拉著產銷班一起做茶葉產銷履歷，從四個、八個，到現在二十幾個班員統統拿到產銷履歷。

二〇〇九年，羅正彬創辦的竹山鎮農會特用作物第二十二班，還因此成為全國第一個擁有產銷履歷及產地標章雙認證的產銷班。

正因為用科學的角度看待茶，對於產銷履歷他百分之百支持，根據農委會茶改場茶葉驗證制度規範，要取得產銷履歷驗證，必須根據台灣良好農業規範（TGAP）調整管理模式及生產栽培流程，並輸入電腦資訊庫，逐批記錄及自我檢核。

羅正彬說：「這表示茶農要登錄使用多少農藥、肥料，雖然改變了以往的工作模式，但只要按照茶改場的建議，定性定量有依據的使用農藥及肥料，問題不大。」產地標章也是如此，「我是第一個下去做的，發現他們品管很嚴謹。」除了確認在地生產與來源以及農藥殘留量，還會請茶改場的老師品茗，確認兒茶素的轉換是否正常、茶湯順不順、香味有沒有起來，最後再由政府人員將標章一張張貼上。「透過這種機制，你買到的絕對是杉林溪出產、有保證的茶，這已經是最高品質了。」

取得傳統茶農認同 共創轉型之路

「我是食品營養科畢業的，又待過工廠，知道茶葉製作過程中其實有些步驟是可以定性定量、有系統地發展，」羅正彬表示，譬如過去老茶農習慣買肥料就到農藥行，對方推薦什麼就買什麼，現在他都會建議班員按照規範走，符合政府推行合理化施肥的政策。

羅正彬有這樣的觀念，不代表其他班員也有，尤其每個人資歷都比他深，必須花費心力說服大家參與認證。羅正彬說：「我不跟他們講茶，而是告訴他們如何打市場。」

茶悅杉林創辦人羅正彬的茶園有生產履歷、產地、有機等多項認證，茶廠更通過衛生安全製茶廠評鑑。

杉林溪茶名氣響亮，茶農最怕外來茶冒充產地破壞名聲，茶葉農藥殘留問題屢受關注，如何讓消費者安心甚為重要，有了生產履歷與產地標章之後，對於提升品質及強化市場接受度十分重要。

自從拿到雙認證之後，班員們的銷量都非常穩定。竹山鎮農會特用作物第二十二班還自創品牌「茶香讚」，自辦比賽，把已經獲得雙認證的茶葉，再進行一次評鑑，進行分級銷售。不僅為消費者把關，也激勵班員持續提高製茶技術和品質。精益求精的努力，讓羅正彬於二〇一八年獲得第三十一屆全國模範農民的殊榮。

「在這個行業十七年，我每一步都走的很扎實，你看我的手，有誰這裡會結繭的？」羅正彬伸出手背說，這是為茶葉剪枝、拖拉著重重布巾時留下結繭的痕跡，如此賣命工作除了為生計，「更因為茶不只是一個事業，這是一個有使命感、可以傳承的工作。」

多元化交流

讓更多人知道南投茶的好

光是產品好不夠，要對外推廣打出知名度，才能有效健全產業發展。對於現代茶農來說，更是要學著運用平台，直接與消費者互動，方能向外推廣茶葉的好。

產品雖好，行銷宣傳更是少不了。為了協助南投茶農將產品推出去，南投縣政府每年舉辦茶業博覽會，打造一個讓茶農們互相交流、消費者多方品茗的平台，打開南投茶葉的知名度與市場定位。

茶博也是每年南投茶農必訪的盛會。羅正彬就說：「每年南投世界茶業博覽會我一定到，這是唯一一個茶農可直接碰到消費者的場合，就像三月瘋媽祖一樣，沒有去刈香就心神不寧。」

李亞駿認為：「茶葉推廣上，茶博是個絕佳舞台。另，若舉辦時間能調整到年底較佳，冬茶已完成、比賽茶也結束，且天氣冷涼，品茶意願提高，同時也接近年節送禮時間，更有效益。」

南投縣縣長林明溱（左四）扮「茶伯」，行銷南投。

到茶博練功
也傾聽消費者意見

大半輩子浸淫茶香、如今則是名間鄉特有作物產銷班第二十九班班長張文俥則是這樣形容茶博：「對茶農來說，去茶博就像去練功。對消費者來說，茶博則是一個優質平台，有機會直接跟生產者互動，現場上百家攤位一字排開，只要敢喝肯喝，一天喝到二、三十種好茶不是問題，一定可以選到心儀的茶品。」張文俥對縣政府透過舉辦茶博來推廣南投茶產業的做法，十分認同，

聊起茶，種茶、製茶、賣茶一手包的張文俥簡直停不下來，「茶葉有分品種，譬如四季春、金萱是品種，常見的烏龍茶、綠茶、紅

每年的南投世界茶業博覽會的「曲水流觴」活動，總是吸引各地民眾前來品茶。

名間鄉特有作物產銷班第二十九班班長張文俥，堅持採用有機農法來種植茶和咖啡。

茶，叫做製茶方式，你可以用四季春、金萱做綠茶，也可以做成烏龍茶，但我覺得金萱做的紅茶特別好喝……」

以前，張文俥覺得自家紅茶味道比較傳統，到了茶博大開眼界，發現別人的紅茶會強調花香、果香，層次十足且特別，因此，他也開始玩起茶來，愈玩愈過癮，俗稱紅玉的台茶十八號多半被製成紅茶，張文俥顛覆傳統，做成綠茶、青茶、白茶，為紅玉激盪出耳目一新的風貌。「我們在農村長大，務農不夠，還喜歡玩茶、玩咖啡，玩到最後動力源源不絕，乾脆提早退休，」外表看來還是青壯年的張文俥笑著說。

事實上，在從縣府退休前，張文俥只是個假日農夫，但好學不倦，因為曾在茶改場工作，較容易取得種植有機茶的相關知識，就算無數次碰壁，挫折得不得了，依舊靠著熱情邊學邊做，還考上茶改場的品評證照，和大陸天福茶學院的茶評師證照，愈種愈精，二〇二〇年甚至獲得名間鄉農會小葉紅茶比賽金牌獎，對於有機種植，張文俥的心得就是：「蟲吃剩的才是人吃的，學習

藉由南投世界茶業博覽會，南投縣政府向外推廣茶葉的好。

如何與大自然共生共存是重要關鍵。」

張文俥住家的門口停著一輛小貨車，是自己改造的露營車，內裝全是原木。退休後時常開著車子和老婆兩人四處玩，累了直接在車上過夜休息，好不愜意。他邊聊邊沖咖啡給我們喝，這是張文俥近十年來的新興趣，不但種咖啡，還自烘自銷，逐漸拓展全新領域。

張文俥笑著問我們是否知道車上「白鷺鷥」的意思？大家一頭霧水，「白鷺鷥閩南語是『背領絲』，聽起來就像英文的balance（平衡）。」「平衡」兩字是張文俥從事有機農業的理念，也是人生哲學。他種茶、種咖啡之所以堅持有機農法，除了求取生態平衡，也期盼達到身心靈平衡，用寬廣的熱情包容生產落差、鄰田誤解等挫折。最後收支平衡，他認為：「我沒有企圖要從中賺大錢，僅僅靠著興趣、熱情、理念支撐，能收支平衡就可以。」

透過茶博將南投推向全台灣只是第一步，茶農們的終極目標，是將南投茶推向全世界，而軒汀茶莊的楊政樺也真的做到了。

進軍國際
南投茶準備好了

二〇一八年，南投縣縣長林明溱致贈「南投縣茶葉米其林．芳香中外」的匾額給楊政樺，縣內各級首長及民代的相關匾額也紛紛上門。原來他憑著高山烏龍茶獲得比利時國際風味暨品質評鑑（iTQi）「頂級風味二星獎章」，轟動鄉里。

楊政樺是茶品牌「軒汀」的創辦人，相較台灣茶多半主打內銷市場，他一創業就以海外市場為目標，希望將南投茶、台灣茶推到全世界。對茶這麼有宏圖壯志的一個人，出乎意料地，他的背景和茶沒有太大關連，楊政樺雖然在埔里長大，但父母親並不種茶，不是茶二代，畢業於國立臺灣師範大學體育研究所，第一份工作在美商公司當行銷。

說起和茶的淵源，或許是天性使然。住在鄉下地方的楊政樺，家裡客廳永遠有個茶席，招待親朋好友泡茶聊天。他印象很深刻：「每次我在旁邊玩一玩，都會跟爸媽說我也要喝茶。」研究所畢業後，楊政樺到澳洲一年，別人是去看歌劇院、無尾熊、吃海鮮、品紅酒，他卻注意到澳洲最大的茶品牌T2。

「店員跟我介紹台灣茶的時候，滿多感觸的，」楊政樺回憶，那時去墨爾本看澳網，順便到T2店裡逛逛。和台灣傳統的茶道文化不同，T2雖然賣茶，但色彩繽紛亮麗，沖泡器皿、方式都不一樣。「覺得這個東西既熟悉又陌生，看似是我們的日常，卻沒有珍惜在意的東西，在別人眼中，卻這麼有價值。」

軒汀茶莊創辦人楊政樺以海外市場為目標，希望將南投茶、台灣茶推到全世界。

專注細節
讓客戶感受價值

回國後，他把這件事放在心上。透過親朋好友牽線，先後和三位老師傅學習製作烏龍茶，跟一位老師傅學習製作紅茶。就這樣邊工作邊儲備自己的專業能力，逐步踏上創業之路。

楊政樺的茶事業剛起步時，因為缺少人脈，在海外業務開發上別無他法，就是寄開發信。據一般經驗來看，一百封開發信裡有一、兩封回覆就不錯了，而且還不一定下訂。

或許老天爺真的要他吃這行飯，楊政樺的開發信一撒出去，不到一個月就有客戶上門，完成了第一筆訂單，可說是順利得不得了，給予他莫大信心。沒想到接下來的半年，卻面臨低潮，撒了上百封的信，一筆訂單都沒有。他說：「真的是運氣，有時候客人有需求剛好遇到，但沒有需求的時候，再怎麼找也沒有用。」

開發客戶的同時，他也找茶園契作。有時茶要收成了，訂單卻還不知道在哪裡。或是終於有客戶下訂了，但對方要收到貨三個月以後才付款。甚至遇過收到貨不付款的。前兩年現金流壓力非常大。如今回首，楊政樺忍不住苦笑：「會走上創業之路，第一個是熱情，第二個是過度樂觀。」

仔細分析，台灣茶行銷海外如此困難，主要是因為價格太高，和世界其他產區相較，台灣茶光是成本，就比別人售價高了二、三十倍，要說服客戶願意買單，需要耗費不少心力。

「對此，我們提供很多產品細節資訊，讓客戶了解台灣茶的價

細緻風味
深受高端市場肯定

值所在，」譬如，有塊契作茶園位於日月潭的五城地區，「日月潭舊名水沙連，日本時期，因為覺得此處種植條件跟印度阿薩姆最接近，便引進阿薩姆紅茶開始種植，才會說日月潭是台灣紅茶的故鄉。」此外，諸如茶農的故事、使用的肥料可能讓茶樹長得更好，進而影響茶葉的兒茶素、胺基酸、醣類等成分，加上後製工藝使紅茶最後喝起來有什麼特色、尾韻如何等等，楊政樺不但介紹起來朗朗上口，而且都會用文字、照片，甚至影片呈現得非常清楚。

由於價格高，楊政樺的海外客戶都走高端市場，十分嚴謹。不少採購為了買茶，甚至會親自從歐美各國飛到台灣，實際走訪產地。有回日本客人來，帶了厚厚一疊表格詢問，從種植面積、品種、工序，乃至於後製機器都要深入了解，楊政樺不厭其煩一一說明，「因為顧客愈了解產品價值，愈願意為中間的價差買單。」

為了確保客戶喝到最佳風味，楊政樺從茶葉種植、製作到沖泡等種種細節，都十分講究。他說：「製茶有時憑一種感覺，沒有辦法標準化，甚至師傅自己做的每次都不一樣，好處是變化性很大，壞處是不一定都是好的變化。」有鑑於此，他都找有經驗的老師傅做茶，「沒有經驗的師傅可能從四十分到九十分，老師傅可能差一點有八十分，好的話九十或九十五分，可以有個比較高的平均值。」

東西方喜歡的味道也不盡相同。台灣講求層次性，希望品嘗到前中後的風味轉換、尾韻回甘等，但國外多半在意前面的香氣，最

軒汀茶莊的日月潭紅玉和清境烏龍，深受海內外客戶歡迎。

好一入口就風味濃烈。楊政樺除了耐心和客戶溝通，也勤下功夫，從後製開始就不停品茗、調整風味，針對不同客人建議不同沖泡方式，力求每位客人都有最圓滿的享受。

正由於下盡苦工，經營品牌多年以來，軒汀已有不錯的成績。在二〇一八年獲得比利時國際風味暨品質評鑑頂級風味二星獎章之後，各大媒體紛紛報導，讓楊政樺增加不少國際商業合作機會。目前客戶遍布全球二十個城市以上，諸多米其林餐廳、星級飯店都用軒汀出品的茶，杜拜帆船飯店就是其中之一，真正實現了將南投茶、台灣茶帶上國際的創業目標。

「台灣茶最大的優勢，就是品質真的很好，」正是這樣的信心，讓楊政樺歷經創業的高低起伏仍能勇往直前，愈戰愈穩。

時間	茶博主題	茶葉展售金額	參觀人次
2015 年	曲水流觴舞動茶博	4,500 萬元	32 萬
2016 年	樂活漫品	4,500 萬元	45 萬
2017 年	綠野仙盅	5,200 萬元	50 萬
2018 年	香遇相遇	6,700 萬元	50 萬
2019 年	香郁拾穗	8,500 萬元	55 萬
2020 年	拾憶茶香	1 億 2,000 萬元	70 萬
2021 年	受疫情影響停辦		
2022 年	壺裡好茶	1 億 6,000 萬元	80 萬

|聚焦南投|

台灣年度茶界盛事——世界茶業博覽會

南投世界茶業博覽會自二〇一〇年起開始，至今已辦理十二屆。每年皆於國慶日連假期間在中興新村舉辦，展期約九到十天，除了茶葉等農特產品展售及各具特色的茶館外，特色活動還包括千人茶會、千人揉茶、千人野餐、千人擂茶、國際茶席、黃金品茗等，並年年推出茶博紀念茶杯，受到遊客歡迎，每年參觀人次及農特產品展售金額皆突破新高，成功行銷南投茶葉，打開南投茶知名度。

保存珍貴資產

徒手炒出經典茶文化

在大環境下，許多茶農由於經濟等因素，紛紛改用機械代替人力。但在這裡，仍然有人堅持手工製茶，只為了那份難以複製的韻味。

至今仍保存炒茶技術

「炒茶時，要用手觸碰、用眼睛去看，用嗅覺去感受茶葉的香味等變化。自然的，茶葉就會告訴你何時是起鍋的最佳時機，」傳統手工製茶師傅蘇文昭，彷彿不怕滾燙鐵鍋似的，邊說明邊徒手示範炒茶的動作。

在許多農業都引進高科技機械化的現在，鹿谷鄉的茶葉生產製作，多數早以機器大量取代人工。然而，仍然有少數人堅持「純手工製作」，不只為了生產好茶，更希望能傳承這份茶葉文化。

今年八十歲的蘇文昭，十八歲起就與茶葉為伍，從茶樹栽種、採茶到製茶都精通；至今仍保留手炒茶傳統設備和技術的他，是南

傳統手工製茶師傅蘇文昭（左）和兒子蘇邦怡（右），是現今台灣少數仍保存手工炒茶設備與技術的專家。

投縣「傳統手工製茶——鹿谷烏龍茶」文化資產重要保存者。

採訪當天，蘇文昭和兒子蘇邦怡帶著我們到茶園走走，「這棵是台灣原生種蒔茶，很有代表性；這棵就是鹿谷鄉凍頂山的老茶樹……」父子倆邊介紹，還邊摘下葉子給我們，「搓揉之後，聞一聞」隨即就嗅到一股清新的茶香，令人瞬間舒暢。

離開茶園，蘇文昭和蘇邦怡帶大家走到另一個製茶場所，就在附近有遮陽棚的小空地。一眼就看到傳統大灶，以及大灶上的鐵鍋。只見他們熟練的點燃木材便丟入灶中，將鐵鍋加熱到約攝氏三百度，再放入萎凋完成後的茶葉，用手快速翻炒茶葉，目的是破壞茶葉中酵素活性而停止發酵、除去草菁味，並適度減少水分。他們倆的雙手彷彿不怕燙般不斷動作，一直到茶葉狀態明顯變化，逐漸飄出茶香為止。

傳統手工製茶流程繁複，以凍頂烏龍茶為例，包含：採菁、萎凋、靜置與攪拌、大浪、堆菁、殺菁、揉捻、初乾、團揉、乾燥、烘存、揀

1

2

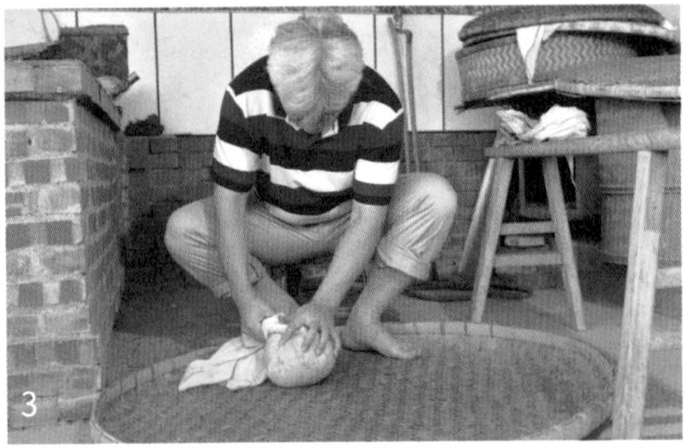

3

4

傳統手工製茶流程繁複，其中包含：靜置與攪拌（1）、殺菁（2，手炒茶）、揉捻（3，釋出茶香和定型外觀）、初乾（4，解塊，之後使用乾燥機）等工序。

手工製茶
是珍貴的茶文化

枝、烘焙、炭焙等；其中的「殺菁」（又名炒菁）就是採取手炒茶的方式，是關鍵步驟之一。由於每一道工序都有要注意的獨到技巧，因而需要耗費大量時間與人力。

為什麼始終堅持保留「手工製茶」過程？

蘇邦怡表示，他從小生活在茶園，總是看著阿公教爸爸製茶，耳濡目染下，他也跟著學製茶，所以跟茶有關的事情，就成為他最大的興趣。尤其在已經大量用機器製茶的時代，他和蘇文昭自詡為傳統茶文化的傳承者，希望能讓更多人認識和了解這份文化資產。

因此，蘇文昭和蘇邦怡在南投縣政府文化局的協助下，蒐集、整理相關資料，向文化部文化資產局送案申請。二〇一九年，南投

想讓更多人喝到好茶

縣政府公告登錄「傳統手工製茶——鹿谷烏龍茶」為南投縣「傳統知識與實踐」類文化資產。

二〇二一年，由文化局主辦、南台科技大學承辦開設「南投縣傳統手工製茶保存者傳習班」，邀請蘇文昭等專業製茶師傅擔任師資，提供學員理論與實務課程，二〇二二年又開設了兩個班級。

「來學做茶的都要有心理準備，這條路非常辛苦，」但蘇邦怡也相信，只要年輕人願意投入，打好基礎，加上巧思，就能製作出獨一無二、蘊含心意的茶葉，開創出傳統茶葉產業的新道路。

旅程的尾聲，蘇邦怡領著大家回到茶行休憩。他邊忙著招呼每個人入座，邊燒開水，水滾了，先溫熱茶壺和茶杯，再取出適量茶葉入茶壺，用開水沖泡，大約一分鐘後倒出茶湯，為每個客人斟上一杯……所有動作一氣呵成。

「凍頂烏龍茶甘醇濃郁，讓人生津止渴、口齒留香，喝了會身心舒暢，一直想繼續喝，」蘇邦怡分享，一位九十多歲的客人只喝他們家的茶，而且已經喝四十年了，「而且他每次來，都指定要買我爸製作的茶葉。」蘇文昭在一旁聽到，靦腆地笑了笑。

凍頂烏龍茶之於蘇文昭和蘇邦怡，是一輩子謀生的產業，也是肩負「讓更多人真正喝到好茶」使命的文化志業。走過幾十年的春夏秋冬，這些手工製茶保存文化就像南投獨有的凍頂烏龍茶般，充滿回甘且令人懷念的韻味。

千秋陶坊

茶器，提升茶的文化價值

在茶文化中，品質優良的茶葉是主角，但好茶器的輔助，可以讓茶葉的獨有風味，更突出。

以推廣南投陶為志業

想要品嘗好茶，茶量、水溫、時間缺一不可；要將這三因素完整結合，就需要一組基本款茶具——茶壺、茶海、茶杯；而不同材質的茶器，更是影響水溫和時間的關鍵。

身為南投人的千秋陶坊創辦人林永勝，大學修的是園藝領域；在等待兵單的期間，到陶藝工廠學習和工作，本以為只是過渡期，想不到一投入，就對南投陶大感興趣，甚至發展出一生的志業。

「南投陶源自於一七九六年，是台灣製陶技術發展的先驅。早期以生產實用性的生活器物為主，近二、三十年來，才有許多茶器的相關品項，」林永勝表示，南投陶使用的陶土含鐵量高、呈磚紅

千秋陶坊創辦人林永勝（左）以推廣南投陶和茶文化為志業，女兒林菓菓（右）耳濡目染下，也投身其中。

千秋陶坊創辦人林永勝創作的茶器精緻小巧，讓品茶成為美好的享受。

林菓菓的陶藝作品造型較多變，呈現出多元的線條與色彩。

色，不易展現鮮豔色彩，因而發展出許多製陶的裝飾技法。

林永勝在陶藝工廠工作一段時間後，於一九九七年出來創立千秋陶坊。他深感南投陶在台灣的比例並不高，加上工作室剛起步，因此，他同時投入製作多種類陶器，以及開設教學課程，希望能藉此累積經歷，並且能向外推廣，讓更多人認識和了解南投陶的故事與文化。

然而，在林永勝心中，一直有個想創作茶器的想法。「從小，我就喜歡喝茶；長大後，時常泡茶給客人喝。對我來說，『茶』就是生活的一部分。」因此，他主動去學習茶道。本來只計劃學習一年，後來愈學愈入迷，學了整整七年。

之後，林永勝開始發展茶器系列。例如：「緋．側把壺」，小巧迷你，表面沒有上釉，真切無飾，像是碰觸真實的自己；「描金定白小盞杯」以手拉坯製成，容量適中，而杯中線條以黃金描繪，更增添品飲樂趣。

林永勝認為，精緻的茶器，除了賞心悅目之外，也會讓使用的人更專注在如何善用茶器及泡茶過程中，進而呈現出風味極佳的茶湯；另外，無論是用茶壺泡茶、用茶杯品茶，透過茶器與人的互動，都能幫助自己把「心」安放在茶桌上，讓雙方皆進入同樣狀態，產生獨有的心靈連結與氛圍。

「就整體過程來說，茶器與茶葉的融合，提升了文化意涵與價

與女兒的傳承與合作

值，讓品茶成為生活不可或缺的享受，」林永勝表示。

熱衷於品茶和茶器的林永勝，近年來更積極向外宣揚台灣的茶文化。原本就很常到日本進修、觀摩的他，二〇一九年，更受邀到日本舉辦陶藝個展，展出茶藝相關精品，並舉辦多場茶席與講座；也和台灣許多餐廳進行異業合作，提供消費者美好的飲食體驗。

而他的女兒林菓菓，在這樣陶器的環境中長大，耳濡目染下，她從小就很喜歡手做，大學就讀產品設計系，大學三年級就開始創作陶器，目前在千秋陶坊已經有自己的作品系列。

相對於林永勝重視技術細節、以簡約款設計為主，林菓菓的陶藝作品顯得繽紛許多，在兼具實用性的前提下，她把所有的想法，以多元的線條、色彩、圖案，化成陶器上的造型，「我希望能向大家分享我對生活的看法。」

然而，無論林永勝和林菓菓的陶藝風格再怎麼不同，都有個共同的理念——將南投陶的精神與技術等，透過各種方式，擴大推廣與傳承，讓民眾認識與學習。過去，或許只有林永勝獨自懷著使命感奮鬥；現在，有了女兒林菓菓的加入，勢必能開創不一樣的陶藝新境界。

南投縣的茶產業文化，就這樣一代一代，在台灣島嶼的正中央，飄香。

世界認證

突破先天限制，闖出一片天

雖然不是種植咖啡的先行者，產量與技術也不及世界知名產地。但是南投的咖啡農民卻以堅毅好學精神，突破限制，淬鍊出連世界評鑑都說好的咖啡香。

能夠展現南投人質樸韌性的，不只茶，還有咖啡。

早期南投除了種植茶葉，也是台灣檳榔三大產地之一。九二一地震後，為了從一片廢墟的災區中重新站起，南投人開始在檳榔樹下種咖啡，藉由檳榔的樹蔭提供咖啡良好的半遮蔭環境。從種植到後製技術，南投咖啡農從零開始一路猛追，在短短十年內的時間後發先至，目前咖啡產量已在全國名列前茅。

成長於雲林水林鄉，四十歲才轉業，來到南投山上投入咖啡種植，並成立高山咖啡莊園，至今已經十多年的吳振宏分析，一開始想在南投種咖啡的想法其實很單純，南投適合種茶，影響茶葉品質

南投山區有大片的森林遮蔭，是種植咖啡樹的好所在。

的關鍵是環境與風土，台灣位於太平洋型氣候與大陸型氣候交會之處，種出來的茶葉就是比其他大陸型國家好，咖啡應該也是一樣。

可是，許多農作物在種植過程中，需要充足日照，甚至為此而砍樹，然而咖啡卻是需要適度遮蔭的作物，這樣反而可以把大面積森林給留住。

「咖啡樹其實也是灌木，既可保持水土，也不會破壞原有環境；還能縮短產地到咖啡桌的距離，節能減碳，」吳振宏表示，且森林裡有數百年落葉所形成的有機土壤，土質肥沃、透氣性又好，正符合咖啡喜歡在有點坡度，排水性良好的地方生長。

困境挑戰接連而來

所謂「理想很豐滿，現實卻很骨感」，雖然南投看似擁有種植咖啡的優良天然環境，但礙於種植歷史不長，經驗與技術無法與其他成熟的咖啡產地相比，著實讓南投的咖啡農吃了不少苦頭。

「第一次種一千棵咖啡苗，就死了五百棵，」吳振宏回想，土壤孔隙大，排水良好，也意味著乾旱時，土乾得更快。考慮到山上取水不易，加上這個慘痛經歷，他上網找資料，發現以色列滴灌系統，可將水滴少許緩慢的滴到土壤，讓土壤濕潤而達到節水效益，還能在給水時補充液態肥，達到雙重效果。在取代傳統噴灌式後，果然減輕了每年九月到隔年三月約半年乾旱缺水的壓力。

另一個考驗則是寒害。吳振宏分析：「北緯二十四度已接近咖啡生長的臨界點，加上海拔較高，每一年都還是有霜害產生。所幸園區保留不少大樹，霜雪落下時，林葉可以遮擋，降低了對咖啡樹的損害。」

不過面對攝氏零度以下的低溫，幼嫩的咖啡苗就承受不住了。大概五、六年前，氣溫驟降至零下一・五度，那一天剛好吳振宏的姊姊來訪，本來是來採咖啡豆，突然下起冰霰，「看見雪花飄落，姊姊開心的玩起堆雪人，但她不知道小弟我的心已經淌血，隔年不知道要補種多少棵，」吳振宏苦笑著。寒流也是高山種植咖啡不可免的逆境，面對大自然的災害，既然無法去改變，只能接受它。

森悅高峰咖啡莊園園主吳振宏表示，希望能讓更多人了解南投咖啡的好。

面對挑戰取經國外

位於國姓鄉北港村的糯米橋休閒農業區內的百勝村咖啡莊園，則以一種「沒有經驗，就自己找方法」的硬頸精神，面對種植咖啡所帶來的挑戰。園主蘇春賢說，台灣咖啡適合生長在高海拔地區，日夜溫差大又容易起霧，能夠讓咖啡生豆密度、糖分更高，風味更為豐富。

從價格上來看，蘇春賢直言：「台灣咖啡成本高，光比價格打不贏進口咖啡。」和非洲國家比較，台灣基本工資一天含餐大約一千三百元，但非洲國家可能只要五美元，差距甚大。反映在期貨價格，非洲豆一公斤六、七百元算高價，但台灣豆都要賣到一千元以上，利潤可能還沒有非洲豆好。由於價格因素，儘管台灣咖啡近年來蓬勃發展，但九成都是進口豆，且超商平價咖啡占最大比重。

「台灣咖啡豆就是處在一種尷尬狀況，雖然消費者覺得風味好，但若進口豆的風味有我們八成好的話，那當然要買進口的，考量的是CP值嘛！」蘇春賢的兒子，現任百勝村總監蘇晉寬解釋。

先天不足，只能靠後天努力，用精品豆提高CP值，決戰消費市場，是蘇春賢父子的策略。於是，他們四處取經，學習國外技術，也將國外做法加以改良，厭氧發酵處理法就是一例。

這種做法在國外已經流行幾年，蘇晉寬最初是在外國文獻看到，十分好奇，後來乾脆自己跑一趟中南美洲。這才發現當地做法很簡單，豆子發酵時，直接放進塑膠袋綁一綁，留在院子發酵，幾天後才去收回來。這麼做可在咖啡發酵時阻隔空氣，讓發酵變慢、增強風味，成本又低。但蘇晉寬發現有個缺點：「放在外面比較會有雜菌感染，有時放個兩、三天拿回來，裡頭的豆子就壞掉了。」

國外咖啡豆產量大、成本低，壞了就丟掉不痛不癢，但在台灣怎麼可能。蘇家父子思考後改變做法，把咖啡豆放到桶子裡加蓋，並從蓋子上頭的抽氣孔將氧氣抽到只剩十五％，接著放到大冰庫裡。由於溫度低，發酵時間高達四、五十個小時，還要不時拿出來觀察、翻轉。儘管成本高出不少，但風味更好，口感細緻溫和，尾韻含豐富莓果香、酒香、焦糖甜香，技壓不少國外豆。蘇春賢得意笑說：「台灣農夫就是勤勞、聰明、技術好，你看很多農產品都是台灣人自己改良品種開發出來的。」

國際獎項 辛苦付出受肯定

在努力改善種植技術下，南投的咖啡農紛紛交出國際肯定的好成績。以百勝村來說，二〇一五年拿到美國精品咖啡協會（CQI）八十四・九二的高分，在當年還創下亞洲第二高分的紀錄。隨後，蘇晉寬前往協會上課，拿到CQI頒發的「國際咖啡後製加工師」、「咖啡品質鑑定師」以及「咖啡烘焙高級認證」。

二〇一七年，百勝村則以厭氧日曬咖啡豆獲COFFEE REVIEW評鑑九十二分的高分。二〇一九年，蘇春賢帶領的國姓鄉特用作物（咖啡）產銷班第三班得到農委會二〇一九十大績優農業產銷班的肯定，是全國第一個有咖啡履歷的咖啡產銷班，同年度還入選成為

百勝村咖啡莊園園主蘇春賢表示，莊園內目前可烘焙出蘊含莓果香、酒香、焦糖甜香等多層次韻味的咖啡豆。

國宴指定咖啡豆，由蘇春賢的兒子，也就是百勝村總監蘇晉寬帶著咖啡豆到台北賓館沖給總統喝。

高山咖啡莊園的成績也不遑多讓，吳振宏的SL34咖啡豆，連續兩年獲得二〇二一年、二〇二二年「典藏台灣精品咖啡」國際競標。國內外評審認為，其生豆碩大，果酸明亮、滋味醇厚，帶有濃濃黑醋栗風味，因而得到八十六・三的高分，是南投縣唯一進入拍賣平台的咖啡莊園，縣長林明溱也頒獎肯定，讓吳振宏品嘗到與環境及技術辛苦搏鬥後的甜美豐收滋味。

二〇一八年，在南投縣咖啡評鑑比賽的頒獎現場，一位年輕秀麗的八年級女孩，以八十三・五的高分從眾多咖啡高手中脫穎而出，上台領獎。她是花音咖啡莊園的負責人高郁淳，台北大學社工系、法

花音咖啡莊園負責人高郁淳畢業於社工系，選擇以咖啡為媒介，達到投入社會工作的目標。

律系雙學士畢業，輔修企管系，受訪時笑著說：「咖啡其實不是我的最愛。」

花音咖啡莊園位於魚池、埔里交界的鹿篙山區，沿著羊腸小徑走到分岔路口轉彎，綠樹圍繞的白色屋舍躍上眼前。花音咖啡莊園剛營業時，這裡路況很差，高郁淳的國小同學來訪直呼：「路這麼爛誰要來啦？」教她要寫陳情書給縣府。沒多久縣府工務處處長、鄉長，連縣長林明溱都前來視察，過一陣子路就鋪好了，解決山上眾多農民的困擾。

之所以把咖啡館蓋在偏僻山區裡，因為這裡是高郁淳兒時最美的回憶。父親本業種植檳榔，此處原是爸爸用鐵皮蓋的工寮，小時候她跟著外婆、奶奶上山工作，度過愉快的童年生活，「花音」兩字，

學霸種咖啡 從外行變內行

就是擷取自外婆和奶奶的名字。

大學畢業後，父親叫高郁淳回家工作，她沒有太多掙扎就答應了，會這麼甘願回家的原因，除了與家人間濃厚且珍貴的情感之外，另一個理由，則是因為想實踐大學時代就訂下投入社會工作的目標。

但回鄉之後要做什麼？父親原本說要開檳榔攤，但高郁淳不想，後來父親喝到阿里山咖啡覺得很喜歡：「不然種咖啡好了。」高郁淳同意：「咖啡滿容易跟人產生連結，我可以依此做為媒介，投入社會工作。」

就這樣，二〇一五年高郁淳父女四處找咖啡品種，原本只想找抗病力強的比較好種。資深的農民推薦卡帝摩（Catimor）混種，一口氣買了一千株回來，沒想到種下去了，許多人聽到卻皺眉頭，「他們說這個品種抗病力很好但風味很差，」這讓高郁淳一度猶豫砍掉重種。兩、三年後收成，杯測師一喝驚為天人，才發現這是SL34，在台灣藝妓很紅之前的冠軍品種。

外人看到的，多半是「高學歷的年輕女咖啡農」初試啼聲就拿到大獎的榮耀，但對高郁淳來說，卻是真正考驗的開端。

「咖啡這一條路我覺得愈到後面愈難，」高郁淳說，第一年懵懵懂懂，結果豆子長出來超好喝，第二年覺得味道不一樣了，可是她找不到為什麼，「所以要怎麼讓豆子回到第一年的味道，這件事情對我來說比較難。」

好在，她拿出求學時期好學生勤奮用功的精神。打從決定種咖啡起，就報名魚池鄉公所開辦的咖啡實務課、暨南大學咖啡烘焙進修班，並加入日月潭精品咖啡產銷班，卯足勁希望在最短時間內，從外行人變內行。

為了拉高豆子甜度，高郁淳跟生技公司合作土壤檢驗，研究肥料如何可以改善土壤，並減少枝條，讓留下來的果實能夠吸收更多養分。近幾年來全台咖啡產區飽受咖啡果小蠹危害，產量驟減約五成，她跟茶改場配合以誘捕器抓蟲。經過努力，其他產區一個誘捕器可能抓到一千五百隻蟲，她的農場則不到五隻。

「對很多人來說我是在做很笨的事情，」走在偌大的園區裡，高郁淳緩緩說道。她的誘捕器雖是茶改場免費提供，但是一個月要換一次，她有四百多個誘捕器，每換一次就得花上一個禮拜，這件事不是所有農民都願意做，很多人覺得藥噴一噴就好。「我從二〇一五年種到現在沒有鬆懈過，如果一直都很小心又顧得好，那應該會有好成果吧！」

把產業做大 照顧更多人

經營咖啡事業的同時，高郁淳並沒有忘記自己熱愛的社會工作。她主動聯絡在地社工，說她願意教身心障礙者挑豆，訓練完成後，再把訊息發布在產銷班群組，說已經訓練好一批挑豆工，有需要的農民可以雇用他們，她也將這樣的模式與脆弱家庭合作，讓更

除了咖啡豆，花音咖啡莊園也推出濾掛咖啡包，希望讓更多人品嘗到好咖啡。

多人可以受益。

「如果今天我不是咖啡農，這些事情我沒辦法完成，」高郁淳表示。如果自己可以推動咖啡產業，又能解決在地居民的生計，就會有更多年輕人願意回到鄉下，很多問題或許也會迎刃而解。

抱著這個理念，高郁淳經常趁著推廣日月潭咖啡的機會，把周遭農友的豆子推出去。而在等待咖啡收成的那兩三年中，她同時也在魚池鄉公所上班，並參與兩屆「台灣咖啡12強+1．日月潭邀請賽」。活動中她採訪全台眾多咖啡農與咖啡館，寫下他們的生命故事，使得許多農友與咖啡師對她的第一印象，就是台灣咖啡的推廣者。高郁淳更善用資源當橋梁，舉辦媒合會，把咖啡農的豆子帶給咖啡館喝，看對方喜歡哪一支就幫忙賣掉。甚至有的客人來花音咖啡館喝咖啡，她順道帶著他們杯測紅茶，喜歡的客人也會順手把其他農民種植的紅茶買走了。

把自己當成平台協助茶與咖啡的推廣，使得高郁淳在南投的咖啡界裡，被眾農友當成自家的小女孩般疼愛著，而她自己也同時在這片土地上，找到安身立命的所在。

實地體驗

打開南投咖啡知名度

南投咖啡的好，值得讓更多人知道。咖啡農透過體驗遊程等行銷策略，不但把許多遊客帶進南投，更把南投咖啡推向世界。

「豆豆，豆豆，看鏡頭這邊，」參加森悅高峰咖啡莊園所舉辦的產地小旅行的客人，臉上的神情難掩興奮，園主吳振宏和太太洪嘉菱一早就在白色貨卡等待，兩人飼養的柴犬安靜淡定的坐在副駕駛座上，想必這趟二．五公里長的路程，七年來，牠已不知跟主人跑了多少趟。

從霧社清潔隊旁的產業道路切進，很快轉入林間道路。站在貨卡後面，緊抓欄杆、穩住重心，以防山路顛簸，還得不時蹲低，閃避垂下的枝葉。突然車子停住，吳振宏跳下車，腳踩著蓬鬆厚實的落葉，順手摘了顆毛茸茸的果子：「這叫細刺苦櫧，屬於台灣的殼

咖啡豆的原本樣貌，是散發瑪瑙般光澤、鮮嫩多汁的果子。

斗科，種子像小栗子，富含澱粉和醣，人也是可以吃的喔，有一次我遇到有二、三十隻猴子正在樹上吃。」

每次來到這棵大樹前，吳振宏總忍不住要把這段故事再說一遍。「森林有一種讓人緩下步調的魔力，沿途自然地想要分享，常常二十五分鐘腳程的路，被我一講走了五十分鐘。」

透過遊程
傳達南投咖啡之美

個性熱情、喜歡分享的吳振宏，雖然致力精進種植咖啡的技術，卻也希望更多人能了解南投咖啡的好，因此發展出具有特色的咖啡莊園行銷模式。

「咖啡從三月到六、七月都是開花期，開完花需要八個月的時間熟成，也就是三月開花、十一月採收，四月開花、十二月採收，」吳振宏細數，所以從十一月中旬到隔年四月底，都是產地小旅行的旺季，透過網路和口耳相傳，許多企業、咖啡社團、登山社、公益社團都會主動預約。

每當客人抵達莊園，總是被一串串散發著瑪瑙般光澤的碩大果實驚豔。在悠遠群山與靜謐的森林環繞下，更顯得紅似相思豔如火，讓人意識到在烘焙之前，咖啡豆原是鮮嫩多汁的果子。採擷樹頭鮮，放進口中，一股未曾嘗過的清酸甘美，直竄腦門，讓人回味無窮。

最大的享受當然還是坐在簡樸的棚架下，就著清風鳥鳴享受一杯現煮的手沖咖啡。吳振宏說：「東邊是能高山，這裡是高峰山，對面是千卓萬山，當我們接觸了森林，內心就感到喜悅，所以才將咖啡園取名為森悅高峰咖啡莊園。」其實無須主人解釋，每個來過的人，都能夠心領神會。

「森林真的很能讓人平靜，可能是我的上一份工作比較高壓，特別有感覺，」較少對外提及，吳振宏在四十歲那年，因腦下垂體腫瘤，造成血液鈉含量過低，加上感冒，生了一場大病。在住院半個月中，他想了很多，能否找到一個更適合自己身體狀態的工作。現在回想起來，人生的種種轉折，都已經成了再出發的動力，種植咖啡讓他認識了各行各業、形形色色的朋友，現在更希望能夠為社會貢獻一份力量。

把咖啡當成對話的平台

「我常常跟朋友說，咖啡不是可以賺大錢的產業，但是可以跟各行各業連結，曾有長期失眠的科技業老闆來到咖啡園，一打盹就睡了兩個小時，」吳振宏笑說，森林中的芬多精讓人放鬆，咖啡因會把話匣子打開，產地小旅行的客人都變成了長期客戶和朋友，將森林與咖啡結合是他的夢想，也為自己的莊園創造優勢。

吳振宏認為，種咖啡不只是賣咖啡，還可以把環境和人文歷史都結合進來，找出優勢，喜愛的人自然會絡繹不絕。原住民朋友在這方面有很豐沛的資源，他很願意借助自己的經驗和長處來幫助部落。因為他始終相信，樂於分享，才能找到志同道合的人。

從一杯飲品、經濟作物，到結合自然、人文的產地旅行，成為

森悅高峰咖啡莊園園主吳振宏（右）和太太洪嘉蓤（左）在咖啡裡，看到的不只是賺錢的商機，更懷著與未來共好的心念。

被全世界看見
高品質的南投咖啡

友善生態循環的產業，吳振宏在一杯咖啡裡，看到的不只是賺錢的商機，更是一份出於與未來共好的心念。

除了透過遊程打響南投咖啡的知名度之外，參與活動與評鑑比賽，也是讓更多咖啡愛好者認識南投咖啡的最佳管道。

過去，全台灣沒有任何大型展售會針對台灣咖啡舉辦，這個遺憾終於在二〇二〇南投世界茶業博覽會搭配首屆「南投巧克力咖啡節」之後彌補。百勝村咖啡莊園總監蘇晉寬就說：「博覽會辦得不錯，無論是推廣或曝光度，產銷班班員反應都很好。」未來，他認為假如能夠仿效茶葉一樣，比賽搭配展售會，甚至建立起茶葉般的市場機制，為得獎咖啡建立公定價，相信幫助會更大。

吳振宏則觀察，台灣咖啡評鑑比賽是為咖啡小農搭建起一座舞台，透過評鑑生豆，創造知名度、建立品牌，吸引更多國外和台灣的買家，也是一種品質保證。而南投縣政府農業處協助申請產地 QR Code，建立產銷履歷，且年年開課，讓咖啡小農接觸更多外來的資訊，才能與時俱進。這幾年他開始到農會的青農講堂分享經驗，也感受到南投的改變。

「現在來上課的有一半以上都是年輕人，有的剛當完兵就回家務農，」吳振宏樂見於有更多年輕咖啡農來到南投、進入產業。去年，他應力行國小潘校長之邀，到學校教小朋友種植咖啡，每位師生都種一棵，別上自己的名字，利用課餘時間照顧，最近要再去教

百勝村咖啡莊園園主蘇春賢認為，若要投入咖啡消費市場，就必須用精品豆提高 CP 值。

他們如何採收。吳振宏說，未來孩子長大後留在部落，種咖啡是一個很好的選項。

他認為，目前台灣咖啡品質最好的是在阿里山，產地平均海拔高度都在一千公尺以上，其實仁愛鄉也具有同樣的條件。吳振宏坦言，這些年上山來拜訪的國外買家不少，有日本的連鎖集團就來了兩三次，但是對方一次下訂就要一噸的產量，完全無法接單。但他不急著擴張種植面積，而是希望有更多的夥伴加入。

「產銷班需要有十公頃的土地，目前團隊還在累積中，希望未來可以成立一個海拔最高的產銷班，」吳振宏認為，如果能把志同道合的年輕人集合起來，擴大生產規模，就可以舉辦獨立競標比賽，讓台灣喜愛咖啡的人來山上做杯測，之後直接下單。

即使如此，蘇春賢觀察目前台灣咖啡農仍面臨重重挑戰，「其實真正賺到錢的沒幾個。」但準備接班的二代青農蘇晉寬仍充滿希望，他說：「農業這個產業是看後面不是看前面，今天種咖啡是看未來。」他分析，相較喝茶的人口，喝咖啡的比較年輕，「如果目前市場是咖啡四成、茶葉六成的話，未來可能會變成五五波，甚至翻轉過來也不一定。」

近年來，市場肯定與得獎紀錄，證明了南投咖啡農民的堅持與選擇，相信不久的未來，南投山上淬鍊出來的咖啡香氣，必將持續飄散，傳送至世界各地。

香草騎士負責人味正琳因緣際會返鄉，以自己最愛的甜點創業，還跑去日本拜師學藝。

找尋甜點材料，又從甜點師傅斜槓到種植香莢蘭的農夫，這一切的歷程，是「偶然」也是「必然」。

甜點材料一應俱全後，味正琳即將開業，起初，店名叫「布丁將甜點工房」，「因為那時台南的『依蕾特』布丁賣得很好，想說我在埔里賣布丁應該也可以。」沒想到香草布丁聽在消費者耳裡平淡無奇，賣不動。平淡經營了幾年，同在埔里的「18 度 C 巧克力工房」董事長茆師父建議：「小鎮文化可以用巧克力來創造。」開啟了味正琳另一個目標。

技術創造精品巧克力門檻

「如果沒有技術性產品為基底，很難跟消費者介紹你的獨特性，」味正琳觀察，於是，他又跑去拜師學藝，這次挑戰的不是常見的塊狀生巧克力，而是巧克力風味糖。

｜聚焦南投｜

巧克力師傅斜槓務農人生

第一眼看到香草騎士的星球巧克力，很難想像這真的是巧克力。小小大約五十元硬幣的半球體上，細緻手繪精美圖樣，呈現出迷幻般光澤，彷彿黑暗無垠的宇宙裡兀自發光的星體。仔細觀看，那一筆一畫的精細做工，就像是畫廊裡縮小版的藝術品。

「你試一下這顆，這是我自己開發的，女生應該會很喜歡，」香草騎士負責人味正琳推薦。一口咬下，原來粉紅漩渦的外殼是巧克力，裡頭則是拌了莓果的巧克力內餡，一脆一滑帶來多層次口感。

每顆巧克力，味正琳介紹起來都有說不完的學問。人說「台上一分鐘，台下十年功」，這一顆顆作品，都是他練功十年的精華。

工程師變身甜點師傅

味正琳原本是電腦工程師，待過南科、內湖科學園區，但總覺不順。二〇一一年家人生病，成了返鄉創業的契機。味正琳家族世居埔里，務農三百多年，傳到如今已是第九代。

返鄉初期，雖然家裡有務農經驗，但味正琳想做的是自己最愛的甜點，為此還跑去日本拜師學藝。那時食安風暴不斷，為了追求安全美味，他不計成本選用各種知名原料，如日本北海道 LUXE 乳酪、日本十勝乳酪、日本第一小山園抹茶、法國頂級法芙娜巧克力，但無論怎麼做，總覺得缺少亮點。

味正琳不停在網路上搜尋材料，偶然發現桃園農業改良場正在尋覓農民技轉「香莢蘭」，果實加工後就是香草莢。剖開把裡頭的香草籽加到甜點裡，瞬間，每道甜點彷彿有了自己的靈魂，味道對了。於是，二〇一二年，味正琳成為台灣第一批技轉的農民。

電影《阿甘正傳》中有一句名言：「生命就像一盒巧克力。 你永遠也不會知道你將嘗到什麼口味。」用這句話印證味正琳的人生，再適合不過。從工程師轉戰甜點師傅，為了

南投巧克力咖啡節與世界茶業博覽會同時舉辦，希望讓更多人藉由巧克力、咖啡和茶，認識南投優質的農特產品。

南投巧克力咖啡節「黑金產業」超吸金

時間	銷售金額	參觀人次
2020 年	1,066 萬元	29.7 萬
2022 年	2,095 萬元	40.3 萬

（資料來源：南投縣政府）

品牌銷售甜點之後，對於「香草騎士」這種用手工製作、重視原物料的職人式甜點店，已經構成莫大競爭壓力，味正琳說：「消費者會覺得去便利商店買又便宜又方便。」正因如此，政府的協助更為重要。

「我覺得南投縣政府的推廣是非常好的，」味正琳表示。他的巧克力曾獲得「南投十大伴手禮」與「台灣百大伴手禮」的榮耀。二〇二〇年到南投巧克力咖啡節擺攤時，許多民眾讚不絕口，由於巧克力加了自家種植的香草莢，風味更香更獨特，茶口味也甚受歡迎。

香草騎士的星球巧克力，做工精細，就像是畫廊裡的縮小版藝術品。

巧克力風味糖，是一種由巧克力外殼包覆內餡的甜點，內餡其實也是巧克力，只是加進其他材料均質之後乳化，等到充分結晶後就可以封底。

味正琳指著其中一顆巧克力解釋：「巧克力殼要薄，才不會影響內餡口感，這是一種技術，我覺得半圓形的巧克力最完美，能夠避免外殼過多稜角影響內餡口感。」

他還把許多在地食材用在內餡裡，諸如大湖草莓、嘉義柑橘、國姓咖啡、魚池紅茶。味正琳自己最愛的是位於埔里，具有八十年歷史的東邦紅茶，「他的紅玉很不錯，磨到跟抹茶一樣細緻，使用時不惜成本拚命撒，香氣十足，希望消費者吃了喜歡。」

香草農夫打下另一片天

巧克力甜點店漸上軌道，而斜槓的農務工作也意外成為比甜點更賺錢的事業。

長久以來，香草在國際市場價格居高不下，每公斤批發價約四百至六百美元，有「黑金」之稱。價格好，台灣種植的農民也愈來愈多，但味正琳坦言：「賺到錢的人很少。」原因不在於難種，而是後製加工的風味。

味正琳說：「這也是台灣許多農產品的問題，農民不懂得消費者（師傅）要什麼，消費者可以用國外進口的產品取代，不一定要選擇出自台灣的產品，農民就變弱勢了。」而這點，恰巧是味正琳的優勢。他生產的香草莢除了自用，也銷售到其他甜點店裡。身兼甜點師傅，他不但知道師傅想什麼，還可以建議師傅怎麼運用他的香草做甜點，連吳寶春都是客戶。雙軌職涯做到現在，香草莢的獲利比甜點店好很多。

產業鏈需要政府協助串連

事實上，當台灣各大連鎖通路都開始自有

合歡山

第三章

在地的新出路

INDUSTRY

木下齊，日本地區再生企業家，長期觀察鄉鎮人口減少趨勢，被譽為日本地方創生推手。他曾說過，「讓地方過得富足」是地方創生的核心精神，即使再小的鄉鎮，有特色產業存在，也能發展健全。

以法國小鎮埃佩爾內（Epernay）為例，當地以香檳聞名，人口僅約兩萬三千人，居民平均收入卻很高，由此可見，只要有特色產業存在，即使人口少都能發展出優質城鎮面貌。

在南投，擁有得天獨厚的天然景觀及農業特產。因此，只要能運用創意概念，結合創新手法，就可彰顯蘊藏其中的特色，進而活絡在地產業發展。

微熱山丘最經典「奉茶」，用一塊鳳梨酥和一杯茶，讓客人感到賓至如歸。

微熱山丘歡迎每個經過的遊客，到店內品嘗鳳梨酥。

旺來產業園區

是觀光休閒，也是產業落腳處

在大草坪上，孩子們盡情奔跑，野餐墊上有在地購買的鳳梨酥與茶，大人們坐著聊天。這一幅悠閒度假的畫面，即將在結合觀光與產業的旺來產業園區中實現。

微熱山丘的「土產鳳梨傳奇」一直為人津津樂道，它翻轉了人們對鳳梨酥的制式印象，將傳統糕點變身為有品味的國際伴手禮，而這一切，都在創辦人許銘仁協助本土農業發展的初心，和別具一格的品牌策略中演化與成長。

許銘仁是南投子弟，科技產業出身，當初成立微熱山丘品牌，主要就是為了協助行銷家鄉的農產品。訪談當天，一身白T搭休閒短褲，在許銘仁閒適愜意的神情中，擋不住他專屬科技人自信決斷的眼神。

許銘仁笑說，從科技業轉向賣鳳梨酥，其實是個美麗的意外，出自簡單初心，就是幫農民解決產銷過剩的問題，也幫台灣農業做點事。他說：「台灣雖然小，但是我們有自己的優點，有得天獨厚的地理位置，三千多公尺的高山，氣候變化溫差大，加上台灣農民的勤勞與技術，所以種出來的東西特別好。可是，這麼好的東西我們並沒有把他的價值賣出來，這些都要透過行銷手段，用創意包裝，打造價值感，這就是我一直想做，一直在學的事情。」

於是，微熱山丘的品牌起步便以鳳梨酥探測市場，沒想到一炮而紅，如今已成為跨足香港、新加坡、日本等地的國際企業，商品也更多元。而這些商品原都在承租的南崗工業區廠房製作，許銘仁一直希望能進駐業種單純、以食品工業為主導的園區。

以地方特色為基礎發展產業

這個願景與林明溱對南投產業的規劃不謀而合。

南投向來以農業與觀光立縣，而八卦山種植鳳梨歷史悠久，過去曾為南投帶來可觀的經濟與附加價值，為了提升南投鳳梨的產業競爭力，促進地方繁榮，縣政府整合在地資源，在南投市嘉和里茄冬腳設置旺來產業園區，結合在地生產的鳳梨與糕餅業者鳳梨酥觀光工廠，打造出地方特色產業園區。

於是，許銘仁積極與南投縣政府研議，進而決定進駐旺來產業園區，承購約四・六公頃的土地，打造微熱山丘的觀光工廠與展售中心。

時間來到二〇二二年一月七日，午後的南投，空氣中瀰漫著一

微熱山丘把傳統的「土產鳳梨酥」，轉變為有品味的國際伴手禮。

股迎來跨年、等待農曆年的歡樂氣氛，在微熱山丘總部，一場集結南投在地重量級業者的會議，也正進行如火如荼地分享與討論。

這場會議，是由進駐南投旺來產業園區的廠商們共同召開，除了宣達廠商協進會正式成立之外，同時也舉辦第一次會員大會，協會第一屆理事長則由許銘仁擔任。未來，微熱山丘將在旺來產業園區，設計一座具有「森林系」風格的觀光工廠。

園區的微熱山丘是座森林公園

在定下動工鐵鏟之前，許銘仁腦中已經有了藍圖。「主體是四千四百坪、兩層樓的廠辦合一建築，找了日籍建築師堂園有的團隊進行設計，他除了是當時在隈研吾建築事務所負責南青山門市的建築師之外，同時也是我們青山店的店長，最了解我們的品牌精神，可以

一進入微熱山丘南投三合院門市，就會有服務人員引導客人入座並奉茶。

更快達到我要的目標。」

東京表參道的微熱山丘以全檜木打造，交錯橫陳的木條投射出詩意光影，矗立街角一隅，有如都會中的森林。原為台糖用地的旺來產業園區，也希望延續森林意象，許銘仁強調要跳脫一般觀光工廠的制式印象，不僅要種花、種樹，還要在這塊土地建造一座真正的森林。

許銘仁說：「我們有將近六公頃的土地要做綠化，景觀部分請了美國AECOM公司所屬的設計師操刀。」這家跨國企業曾經承接台中柳川整治與景觀規劃設計，及紐約世界貿易中心的重建業務。「旺來園區的優勢在於他是一塊起伏的山坡地，標高大約兩百到兩百五十公尺，天氣晴朗時可以遠眺中興新村及中央山脈。」

注重細節的許銘仁，以園區的售票口設計來打比方，「並不一定都得是制式冰冷的鐵窗水泥盒子，可以設計成童話故事裡的森林

微熱山丘創辦人許銘仁表示，將在旺來產業園區打造微熱山丘的觀光工廠與展售中心。

不一樣的複合式觀光場域

小屋造型。」他也認為園區不需要圍牆，入園的道路是一條鋪滿木屑的紅土小徑，還有生態池……讓客人一進入，就沐浴在滿心的綠意清新之中，有一種來森林裡的家做客的感覺。

「我相信很少人會買這麼大的土地，建地只規劃一小區，絕大部分都留給綠地。」他認為微熱山丘走過十三個年頭，也需要進化和改變，剛好藉由旺來園區轉型。許銘仁認為除了環境，生產的商品及衍生的餐廳、研發中心也要有所不同。旺來園區中的微熱山丘是一處複合場域，除了基本的商品銷售中心，也會有品牌空間、創意實驗室等，將來還會開發森林學堂、有機蔬食園，納入在地小農特產。

商品的定位也延續本土與全球果實計畫的精神，以最經典的奉茶來說，微熱山丘的待客之道，以前是一杯茶，一塊鳳梨酥，隨著產品的多樣性，之後會是一盤茶點，有微熱山丘現行的商品與當季當地的水果搭配，為大家帶來全新的品嘗體驗。「這樣才有新意，擺盤要設計過，盤子也要特別訂製。這裡應該是微熱山丘另一個新的樣子，連奉茶都會有二・〇版本，更何況是品牌。」

奉茶之後就是美食，微熱山丘的旺來園區將來也規劃餐廳，許銘仁很強調在地食材，認為既然來到南投，就要品嘗南投特有的滋味。「我曾經到越南胡志明市一家餐館，店家把越南菜以精緻的擺盤呈現，卻又不失去傳統料理特色，既達到宣傳越南菜的效果，也提升了用餐環境的質感。」聊起佳餚，自認很懂得家鄉味道的許銘仁，已經想到自家的餐館要運用在地的當季食蔬，讓外地遊客一嘗便記住南投的味道。

商品的研發則會多加著墨在台灣水果。他表示，台灣的水果不只有鳳梨，還有山蕉、龍眼、青梅、柳橙等都能善加運用。「我們想主打共享陽光的滋味，因為所有的水果都是陽光孕育出來，應該善用台灣水果的多樣性，擁抱水果的美好。」

初始，讓人記住微熱山丘的是一塊鳳梨酥，未來，許銘仁希望延續企業熱情好客的品牌精神，從南投八卦山到旺來園區，微熱山丘品牌找到了新家，更將持續超前布局的眼光和獨到品味，帶動產業鏈和觀光的成長。

南投品牌 從海外紅回台灣

品嘗鳳梨酥的同時，怎麼能沒有好茶相伴？南投是台灣重要的茶葉產地，不同產區、不一樣製茶師所生產出來的茶，自能展現出不同風味。在市場上眾多茶品牌中，不講你可能不知道，有一款知名度高的茶品牌，出自南投在地茶農，那就是「3點1刻」。

3點1刻是一間老字號的製茶世家，有一座位於名間埔中茶區的老茶廠，第三代傳人朱俊宏，從年輕時就想跳脫傳統茶行通路的行銷模式，因而創立品牌。抓住年輕族群對茶飲的需求，看見市場缺口，加上訴求「真茶葉、真奶茶」的標語，擊中消費者的心，天時地利人和，成為傳統產業成功轉型的本土企業之一。

說起3點1刻的崛起過程，竟是從海外紅回台灣。

朱俊宏表示：「早期茶行採一對一銷售模式，沒辦法走上國際市場，所以一開始我就鎖定超市通路，並創立品牌，摒棄茶粉，採用台灣烏龍茶跟斯里蘭卡的烏巴紅茶做基底，研發出英、法式的茶包式奶茶，將產品做出區隔。」因為獨一無二，是全球唯一可回沖的奶茶，讓海外客人驚豔，口耳相傳之下，3點1刻寫下暢銷好成績。

提到推廣初期也歷經陣痛，朱俊宏指出，剛上架時因為成本較即溶式奶茶高，市場反應平平，於是轉往國外發展，發現品牌客群的大本營在美國，便加大力度，把重心轉到外銷市場。

「一開始是透過台灣留美學生，擴散至飲茶習慣較為相近的亞洲

3 點 1 刻是一間老字號的製茶世家，第三代傳人朱俊宏因為想跳脫傳統茶行通路的行銷模式而創立品牌。

3點1刻在名間埔中茶區有老茶園和咖啡園，旗下的產品就是以自家農作物為基底所製作。

留學生，口耳相傳下，從美國到加拿大，橫掃整個北美市場，漸漸也帶動日韓港等亞洲市場的業績，」朱俊宏分析，尤其後來搭上韓流風潮，韓星與韓綜如《花漾爺爺》的相繼推薦，也讓3點1刻在印尼、越南等東南亞市場的著陸成績非常漂亮。眼見這股風潮，朱俊宏更快速申請「Halal 清真認證」，又因此站穩穆斯林市場。

目前，3點1刻的產品有五成外銷，三成則提供國內市場，也做品牌代工。身為土生土長的南投人，雖然將對外營業據點設在台中大里，但茶葉都是與南投茶農契作，「我們已經在旺來產業園區中購土地，將來會把重心移轉到園區裡，光建坪就有一千多坪，」朱俊宏的規劃是，第一階段先建立工廠，第二階段加強旅遊觀光元素，預計兩年完工。

可是，近幾年受到疫情影響，過去國內商品靠海外觀光客來台掃貨的情景已不復在，朱俊宏靈機一動，將通路轉往線上通路，設置後台資訊系統，了解各國市場的消費習慣，再因地制宜，生產不同的口味或包裝，在各大電商平台創下亮眼成績。

主打品牌觀光
打造體驗經濟園區

從奶茶成功出發，持續研發改良產品結構，才能夠讓企業茁壯成綠蔭巨木。朱俊宏說：「以前是茶包式奶茶，現在則用微米生技生產奶茶、四季春、抹茶拿鐵，也有咖啡、豆奶。」製作手法因應科技進步而有所改變，不變的是堅持選用台灣在地原片茶葉，研磨成茶粉，保留兒茶素與自然清香喉韻。同時依不同市場需求研發商品，透過數位化影片行銷海外，減少行銷成本，是數位轉型最大的收穫。

朱俊宏對於數位轉型侃侃而談，也沒忘記重要的觀光元素。「南投本來就是一個觀光大縣，這幾年交通變得很方便，景點又多，包括溪頭、日月潭、杉林溪、九族，還有清境等，這兩年大家更喜歡往自然戶外走，未來將觀光工廠搬來旺來園區，等於是強強結合，也可以創造在地的發展。」

「3點1刻是一個觀光品牌，遊客來台必買，所以我們回到家鄉建廠，讓台灣真正的烏龍茶可以行銷全球，」朱俊宏聊到園區主題規劃，包括體驗區、吧台區、雲端區、座位區、YouTube 頻道教學區等等。

體驗區類似DIY，讓客人自己動手泡一杯3點1刻的經典奶茶，再坐下來品嘗，享受悠閒時刻。吧台區則有專人服務，偏向花式特調，讓遊客們參觀，回家也能夠照著做。雲端區可直接線上購買公司所有商品，直接讓園區的物流運送出去，不需要大包小包提回家。

「南投名間埔中茶區位於濁水溪南側，早晚都會起霧，氣候非常好，我們在這邊留有一塊有機生態老茶園，也有咖啡園，未來透過AI影像傳輸，在觀光工廠就可以同步看到茶園，」創造大型體驗經濟園區，是3點1刻的未來方向，在朱俊宏胸有成竹的事業藍圖中，早已定錨出與旺來產業園區攜手再創高峰的方向。

創業遇瓶頸
多虧故鄉夥伴全力支持

根據朝陽科技大學企管系教授黃淑琴，針對台灣觀光工廠個案進行研究，所完成的論文《從價值創造走出產業觀光大道－觀光工廠個案研究》指出：「觀光工廠是產業觀光的一種型態，具有整合產業文化、教育特性、製造工廠等特徵，進而創造出不同與其他遊憩方式的差異性價值。」由此可見，觀光工廠除了具備推動產業與製造產品的功能，也蘊含教育意義，帶領遊客深入了解在地文化。

即將進駐旺來產業園區，運用鳳梨跨域生物醫學與循環經濟的

南投在地女兒徐孟榆，一手創立亞洲最大的品牌鞋材不織布製造商——信織實業。

信織實業，就是最佳案例。

走進位於南投南崗工業區的信織實業，偌大廠房裡，員工人數不多，卻是亞洲最大的品牌鞋材不織布製造商，產品涵蓋鞋材用不織布、車用不織布、地工用不織布、園藝及農業用不織布、家飾不織布等，一年總營業額達數億以上，很可能我們此時腳下的運動鞋內襯，就是信織出品。

創辦人徐孟榆是南投在地女兒，就學期間就有優異的邏輯推理與繪畫能力，但因家庭變故未能繼續升學，只能北上就業，從零開始學打算盤，晚上到補習班進修財會課程。公司開始邁入正常營運初期，由於鞋廠多且訂單繁複，曾為了開立兩百張送貨單，一張張手寫至三更半夜，於是體會到e化重要性，便在早期導入電子化ERP

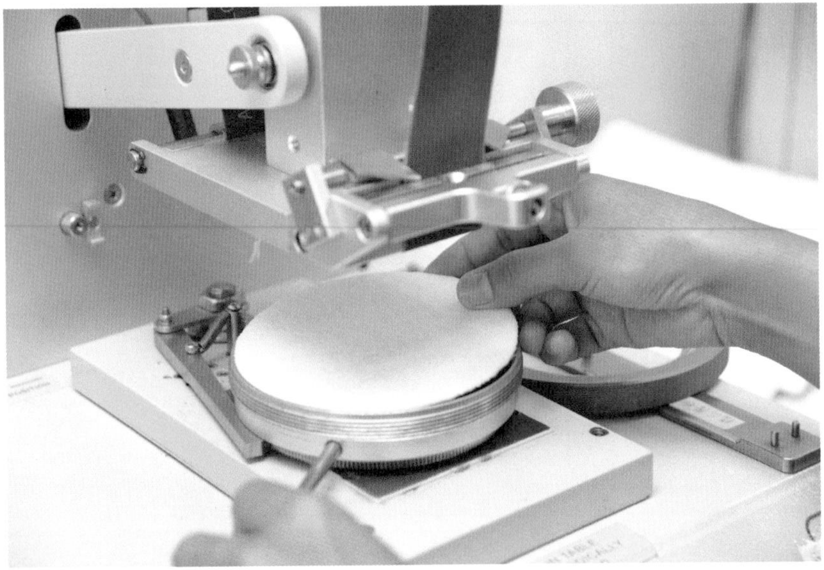

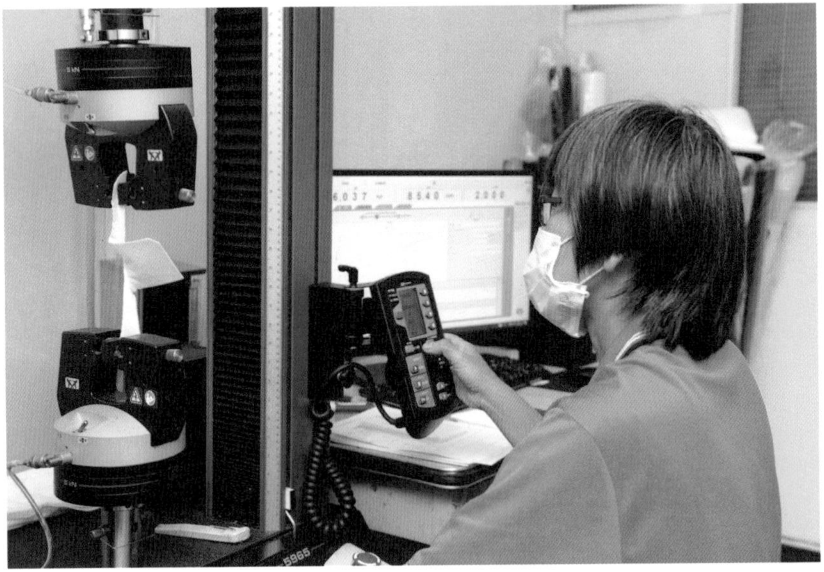

信織實業坐穩不織布的市占率之外，更計劃在工研院指導合作下，將鳳梨葉的纖維用於衣著材料中。

跨國系統，讓公司整體走向完全 e 化管理。

在台北工作六年，徐孟榆在媽媽朋友介紹下，到做女鞋襯布的紡織廠工作，因而認識了先生。原本以為平穩的生活，卻因股東意見不和，老闆決定收掉工廠，她和先生遂面臨了一場人生最重大的抉擇。

「當時手上有一百萬元，考慮究竟是要買房子還是要創業？」和先生商量後，決定將資金投入創業。在一九八七那一年，徐孟榆四月生小孩，十月創業。現在回頭來看，當年的房子已經從兩百萬飆漲到兩千多萬，但是對她而言，這段嘔心瀝血的創業歷程，卻是千金難換。

遭遇天災面臨重建 轉念感謝老天爺

回想與先生攜手創業初期，投入批發不織布。徐孟榆發現，從工廠端收到的貨常常達不到她的標準，本身對產品的品質需求高，加上客戶品牌商方面的要求，色差只要超過五％就會成為損耗，於是她開始有轉型念頭，希望自己蓋工廠生產。

但是，租廠房、買機器都需要資金，面對資金不足的窘況實在難以施展。好在當年有台灣企銀的支持，經台企顧問鼓勵，只要在當地買地建廠就能貸款，因此他們下定決心，找地建廠。

對於買地的估價、創業諮詢、工廠登記等流程，幾乎都在時任南投縣工商發展投資策進會總幹事籃文德的協助下完成。當徐孟榆提到籃總幹事和台企顧問時，感激之情表露無遺：「我真的很感謝

信織實業的師傅全心投入工作，只為製造出高品質的不織布。

碰到瓶頸時，有貴人支持，後來只要台企邀我演講，我絕對二話不說就答應。」

成功設廠後，公司逐步穩定營運，然而好景不常，一九九六年強勁的賀伯颱風使廠房受損，後方擋土牆被土石流衝破後，每逢下雨就會面臨大量土石衝入廠房。眼下只能思考重建或遷廠兩個選項，最後，決定就地重建。

遇到困難時，她沒有唉聲嘆氣，反而轉念：「要是沒發生事件，任意敲掉廠房重建，還會被父母問責，這次剛好是重建的機會，是老天爺在幫我。」

念頭一轉後，她開始拆廠房、拆屋頂、灌泥漿，自己畫出工廠設計圖、規劃動線與機台的位置，同時間還做到符合ISO國際標準化組織的規格，並於一年內完成辛苦的重建工程。

徐孟榆說：「我常鼓勵年輕人要正念思維，遇到事情就想方法，往好的地方想，做事一定要用心、且要對得起自己。」

也因為早年的經歷，三十多年前，電子自動化還不像現在這般普遍，她請人用最早的DOS系統開始寫程式，處理批次檔。經過不斷嘗試、整理數據後，終於成功寫出適用的程式。如今，信織實業工廠除了在台灣南投設廠外，還橫跨越南、大陸。

透過e化流程，海外廠區接單生產和送貨，只需兩、三位員工辦公。她信心滿滿地說：「我的公司人數不到一百位，因為自動化

進駐旺來園區
運用鳳梨跨域經營

做得非常徹底。」

隨著坐穩不織布市占率，在不斷思考未來趨勢後，信織實業在旺來園區購入兩千三百坪腹地，預計將在工業技術研究院的指導合作下，運用鳳梨酵素導入鳳梨纖維製作，並將採收後鳳梨葉以循環經濟方式製作成鳳梨纖維，並運用於衣著或不織布材料中。

台灣過去在鳳梨纖維的運用上，因處理木質化的技術不夠精細，導致鳳梨纖維只能發展簡單的手工藝品。徐孟榆表示，現今有了專業技術的輔佐，能夠從鳳梨葉抽取出纖維，再將纖維經過特殊處理後變成較柔軟、白皙的材料，用在衣著上深具發展潛力。而生產過程中所產出的廢棄物，也可以透過生物菌處理，再製成肥料與飼料，讓廢棄物零產出達到循環經濟的目的。

另一方面，國際上許多消炎藥的成分都含有鳳梨酵素，從鳳梨莖提煉出來的酵素，具有良好的活性與抗發炎效果。特別在南投擁有獨特的地理環境，台灣農業技術也不斷進步、改良品種，現在當地春夏秋冬四季都有不同品種的鳳梨可採收。

如何在循環經濟的概念下，將既有的資源用到極致，實踐環保，是下一哩路要完成的目標。徐孟榆說：「我在草屯還有一個農場，那裡是實踐降低碳足跡、發展碳權的地方，也是我退休養老的基地。」一個南投在地女兒從打拚事業到回饋家鄉的心意，在在展露無遺。

埔里微型產業園區

閒置土地變身特色產業聚集地

埔里，一座人文薈萃、交通便利的山城，在活化閒置空間的核心理念下，埔里微型產業園區就此成立，未來將融合在地美食、農產與觀光，展現多樣化面貌。

雨後的埔里，水氣十足，潤洗後的山城更加翠亮如玉。作家劉克襄在《男人的菜市場》一書中曾寫道，埔里自古就是漢原聚集、交通發達的山城。

百年之前，埔里台地附近是巴宰海平埔族的家園，布農族、泰雅族會將山產帶來交易。而從清境、霧社運載下來的蔬果，水里、日月潭北上的農產，和整個埔里台地栽種的農作物皆匯聚於此。走一趟埔里傳統市場，各色風物名產目不暇給，就是最好的證明。

由此不難理解，位居地理中心的埔里，在貨物交通上的重要性與歷史地位。

由王文正（右）和林素貞（左）夫婦所創立的金都，是具備國宴水準的台菜特色餐廳。

挺過疫情
加大冷凍宅配商品比重

「來來來，這道伊娜谷雙臘香米飯使用的是伊娜谷的香糯米，曾進貢給日本天皇，又稱天皇米。雙臘是指鹹豬肉和紹興香腸，每年香港美食家蔡瀾來，一定會打包上涵碧樓……」採訪當天，正見金都餐廳董事長林素貞細心地為客人說菜。在歷經COVID-19疫情封城後，平日賓宴滿樓的餐廳，僅僅席開一桌。

「還好冷凍料理包發揮了功能，員工還可以包水餃、綁粽子；師傅熬煮黑蒜老菜脯雞湯，讓廚房添添火氣，」林素貞說，原定的母親節聚餐全部取消，員工自動盤點食材庫存，很快的將二十多種冷凍調理包開發出來，包括茭白筍水餃、茭白筍美人丸、手作紅麴滷肉、金瓜炒埔里米粉、王老爹鴨香煲等菜色，疫情期間，她和總經理

大環境考驗
促進成長轉型

王文正甚至開車親送，現在已經在超商網購平台上架。

聽聞這一波疫情，中部至少有三、四百家餐廳黯然收場，林素貞說，減班期間埔里店和竹山店的人事費用加起來就要一百萬，沉重的包袱，讓金都更得努力，不能停止研發料理。「未來冷凍宅配包至少要達到營業額三〇％的比例。」

由王文正和林素貞夫婦創立於一九九四年的金都，從以埔里名產埔里米粉、紹興酒、茭白筍打響名號的台菜餐廳，到今天蛻變為

手作紅麴滷肉（上）和伊娜谷雙臘香米飯（下），是金都餐廳的招牌料理。

接待國外元首的實力餐飲老店，一路上的成長，背後伴隨的是一連串的危機與考驗。

九二一地震後，原為觀光大縣的南投縣，為了振興經濟，吸引遊客前來，金都餐廳馬不停蹄的配合縣政府產業輔導，將南投縣十三個鄉鎮的農特產，設計成七十道料理，並錄製節目，行銷宣傳。而後跟著南投美食旅遊協會到台北世貿參加中華美食展，推廣紹興宴，災後遊客卻步，唯有更積極的走出去推廣。「很感謝縣政府給予經費和資源，讓我們能把戰線拉到台北的舞台，也讓我們的料理走上國際水準。」

二〇〇七年因地緣關係，聖文森和非洲五國元首到訪日月潭，外交部安排外賓到金都餐廳享用在地料理，也磨練出國宴的品質水準。過程就像是過關打怪一樣，關關難過關關過，不斷練兵，終能將逆境化為轉機與商機，金都也因此找到與眾不同的定位與特色。

談到後疫情時代的餐飲轉型，林素貞回溯經營二十八年的心情。「從最嚴重的九二一、SARS、颱風天、土石流……到這兩年的疫情，我覺得金都如果要脫胎換骨的話，唯有透過微型工業區，才能找到一條不一樣的路。」

打造符合外銷標準的食品加工廠

二〇一六年，南投縣政府宣布「埔里地方特色產業微型園區」計畫（簡稱埔里微型產業園區），將鄰近國道六號埔里交流道，占地五公頃園區，規劃以食品特產加工業與在地美食為核心，吸引食品製造產業進駐。

事實上，埔里微型產業園區基地原本是九二一震災基金購置土地規劃興建平價住宅，後來因為需求銳減，導致計畫取消，為了加強土地有效利用，解決地方特色產業發展之空間需求，身為南投指標型餐飲企業的金都餐廳正是其一。

縣政府規劃發展埔里微型產業園區消息一出，正好符合金都餐廳的需求，開始積極籌備以「前店後廠」方式，規劃觀光工廠、食品加工廠和停車場，並於二〇一九年確定租下園區一千餘坪的空間，著手進行設計圖的繪製工作，原本預計工廠外觀要像一座博物館，但經過疫情的洗禮，勢必要調整方向，打掉重來，加重食品加工廠比例。

「一坪九萬元，真的不貴……」林素貞肯定縣府對埔里微型產業園區的完整規劃。公共設施，包括有汙水廠、綠帶、生態滯洪池、水電瓦斯管路、排水設施、路燈及寬十二公尺的道路，讓投資廠商建廠後，不必再擔心硬體公設，她覺得很划算。

「尤其現在工廠地目取得極為不易，微型園區的規劃，讓業者可以名正言順做觀光工廠和食品加工廠，除了繼續研發針對小家庭和客製化的冷凍食品，也為外銷市場做好相關配套。」

二〇一八年金都代表台灣前往華盛頓特區的美國國會山莊，舉辦台灣美食週及展演活動，獲得美國眾議員、嘉賓們一致好評，甚

除了經典台菜宴席料理之外，金都餐廳也推出冷凍料理包，讓遠方的顧客也有機會品嘗到美味。

至許多僑胞都期盼金都能夠開設海外分店。但林素貞深知開一家餐廳沒有那麼容易，需要大量的人力，以及師傅穩定的廚藝品質等條件。最好的方式還是由金都提供初級加工農產食材，如殺青後的茭白筍、冷凍豬腳等給僑營餐廳。而符合外銷標準的食品工廠必須要通過HACCP、ISO2000認證，這些都可望在進駐埔里微型園區後，一次到位。

南投具備發展觀光工廠潛力

在觀光工廠的部分，據品牌規畫師分析，目前台灣觀光工廠最密集的地方在宜蘭，南投的遊客人次不輸宜蘭，深具潛力。未來除了原本林素貞與王文正的在地台菜料理食品外，也將兒女分別專攻的西餐與烘焙，馬來西亞女婿的東南亞料理，都納進來，提供更豐富多元的選擇。

談到金都下一個十年，林素貞笑說：「微型園區前景是可以期待的，唯一不好的就是我的年紀大了一點啦，再年輕十歲的話，應該會更有衝勁。」身為鹿谷茶農女兒的她，從小跟著父親做茶，磨練出無比的韌性，遇到困難，總是憨直的想，再苦也不會比茶園的農事苦，只要現在多做一點，帶著下一代一起打拚，就能為未來順利接班鋪路。

巧克力結合南投特產 成就精緻農業

如果說，金都餐廳寫下的，是一段埔里人與南投土地攜手成長的故事，那麼Cona's妮娜巧克力則代表了父母與子女之間最令人動容的一段情緣。

Cona's妮娜巧克力成立於二〇一一年，從命名就很有故事，妮娜來自於大女兒的英文名Nina，在西班牙語中意寓小女孩，Cona's則取Chocolate＋Nina兩者的合併縮寫。

Cona's妮娜巧克力創辦人魏振宇，原本專精於土木工程領域，是巧克力的門外漢，卻為了滿足對於精品手工巧克力的夢想，在自家民宿清境佛羅倫斯渡假山莊一角，開了第一間巧克力工坊，起初只代售巧克力。後來女主人親自參與製作，包括到法國、日本學習巧克力技術，也邀請法國巧克力工藝大師史蒂芬．勒魯親自到店指導，把對女兒的愛投注在繽紛多彩的甜蜜世界裡，如今，女兒成長為少女，妮娜的巧克力版圖也從創始店拓展到小瑞士花園門市，再擴增到埔里桃米社區內的城堡，現在，也預備進駐南投縣政府規劃的埔里微型園區，打造更不一樣的巧克力世界。

為什麼選擇南投做為延伸事業版圖的據點？魏振宇以埔里人的角色下註腳。「我在埔里出生長大，父母都在這裡，年輕時在台北打拚，後來想回鄉陪伴家人，以經營民宿作為創業開始，中間也曾在礁溪、花蓮開過飯店，最終還是選擇落腳南投。」

人稱魏董的魏振宇認為，南投縣政府對於業者的輔導非常積極，不僅縣長親自帶隊出國進行產品推廣，在面積達五公頃的微型園區裡，包括汙水處理設備、道路、水電管線等基本配備均已完善，光是這點就可以幫業者省下每坪五到八萬元的成本支出。加上離交流道只有幾分鐘的距離，也是妮娜鍾意埔里微型園區的要素之一，並以打造永續的百年企業為願景。

南投是觀光大縣，光是日月潭每年就能吸引幾百萬人潮。另外物產豐饒，水果品項多元，對於搭配製作巧克力是很好的選擇。「可以運用如日月潭紅茶、大禹嶺的烏龍茶、大坪頂的百香果等加入巧克力商品。」魏董提到妮娜在二〇一九年的ＩＣＡ世界巧克力大賽獲得金牌的鳳梨黃金葡萄乾巧克力，用的就是台灣在地的金鑽鳳梨。「與在地知名產業結合等於強強聯手，可以打遍天下。」

微型產業園區
著重工廠製作模式

對於其他業者多在園區內以觀光工廠型態呈現，魏董反其道而行，只想著力在製作與通路代工的部分。妮娜巧克力在埔里的城堡據點已經是非常成熟的觀光工廠模式，有專業巧克力知識導覽服務帶領遊客一覽歐式城堡的外觀，館內三個樓層按照特色不同，分別規劃出3D光雕多媒體展演、精品巧克力展售、DIY體驗、義式手工冰淇淋、巧克力歷史牆與專業生產線及定時金牌巧克力師傅秀展演。因此，微型園區的最大功能就是做為妮娜城堡所有產品的背後支持。

「我們的產品有兩百多種，需要有龐大的生產設備，城堡那邊的空間已經被觀光導向元素占滿，微型園區就會以生產為主，加上兩地車程不過十五分鐘，在時間跟空間上可以有完美搭配。」魏董回憶起與高鐵的合作，對方光是一天就需要一萬五千片的量，機器跟得上，但是礙於客製化，人工包裝就會顯得捉襟見肘，因此增設新據點正好可因應市場供給需求。城堡空間建地一層只有一百七十坪，新的園區面積是它的兩倍，在品牌與通路代工角色的選擇，魏董則希望強化後者的功能。

聊起園區採購土地的部分，魏董對於縣政府的支援印象深刻，不管是法規的釐清還是應有的保障，都能充分溝通。「一個產業可以自由選擇縣府的土地，這是我從業以來首次遇到。」魏董表示，行政機關首長跟觀光處都願意去推廣支持觀光產業，「對我們來說，等於我出十元，政府又幫我出十元，那力量當然不一樣。」

用人唯才
抓住電商銷售契機

妮娜目前員工數逾百人，對於培育人才投入相當多的預算，主要的原因還是在於吸收菁英，與團隊共同成長，這也是魏振宇的經

在 2019 年世界巧克力大賽獲得金牌的鳳梨黃金葡萄乾巧克力，便採用南投鳳梨為食材之一。

Cona's 妮娜巧克力創辦人魏振宇（左），預計進駐埔里地方特色產業微型園區，打造不一樣的巧克力世界。

營理念之一。他強調要以人為本且不斷創新。「我覺得一個員工需要多元技能，所有的工作都必須會做，我不需要人力，我需要的是人才。」這些元素在觀光產業尤其重要，魏董以他的妹妹魏婉羽為例，她是美國的財經跟會統的碩士，因為對巧克力製作有興趣，而投入學習，現在是妮娜的首席主廚，也是世界巧克力大賽金獎得主。

現今包括ＩＣＡ金牌獎「鳳梨黃金葡萄乾巧克力」「紅玉茶巧克力夏威夷果」，iTQi食品米其林二星獎「醇濃薄片夾心巧克力」等多項人氣商品，都是整個團隊齊心合力的成果。魏振宇認為創新的腳步要快，員工們以前跟不上他，頻頻喊累，幾年的訓練下來，大家已經知道舉一反三，再也不需要他的敦促，這也是他充分授權的結果。

銷售平台從實體店面轉向網路戰場，妮娜在疫情前提早走了一步，積極投入電商領域，在Facebook、Instagram、YouTube，甚至網路金流的方面布局，衝流量、開直播，讓他們挺過疫情這一關卡。「我們當初只在乎客人的來客數，嘗試網路的領域後，來客數天平傾斜，靠網路銷售可以達到五〇％。疫情期間遊客銳減，就得想一些類似3D的互動體驗，讓消費者不用親臨現場就有辦法體驗巧克力製程，去創造不一樣的契機。」魏董認為，順著網路世代發展，也許不一定都要靠實體門市。

讓產業共存共榮

對未來展望的部分，現任日月潭觀光圈產業聯盟盟主的魏振宇，認為南投的資源很豐富，可以藉由不同的旅遊型態去串連，規劃出山域旅遊、水域旅遊、運動休閒旅遊、文化旅遊、原民部落旅遊等。若能走向包套的旅遊設計，多元結合、異業串聯，就能眾志成城。「以後來南投玩，思考的不只是玩地區，而是玩什麼。」像是水域和山域旅遊都不只限於日月潭或清境，杉林溪也可以登山，跑馬拉松可以在埔里、溪頭。將整個區域性的觀光旅遊從點到面的延伸，所有產業共存共榮，南投可以玩的內容就無限大，客人也會有更多選擇。

南投旺來產業園區

南投縣五大產業園區

園區	面積（公頃）	廠商家數	就業機會（人）	開發效益（億元 / 年）	辦理情形
南投旺來產業園區	16.59 公頃 以食品業為主之產業園區	10～16 家	800 人	每年產值約可達 18～25 億元	2017 年 10 月 26 日核定設置，2021 年底完工
埔里地方特色產業微型園區	5 公頃 地方特色食品產業為主之產業園區	5～8 家	300 人	每年產值約可達 8～12 億元	2017 年 7 月 24 日核定設置，2019 年 5 月完工
埔里福興溫泉區	55.68 公頃 打造國際級水準的溫泉旅遊事業專區	68 家	3,000～5,000 人	每年產值約可達 30 億元	2021 年 12 月完工
草屯手工藝產業園區	13.94 公頃 引進工藝及食品等相關產業進駐	20～25 家	1,200 人	每年產值約可達 18～25 億元	2020 年 11 月 24 日核定設置，採與開發商合作開發模式，2021 年 12 月 8 日正式啟動，預計 2025 年完工
竹山竹藝產業園區	15.41 公頃 引進木竹製品及食品等相關產業進駐	15～18 家	1,300 人	每年產值可達 20 億元	預計 2022 年 12 月核定設置，規劃中，預計 2025 年完工

｜聚焦南投｜

創造數千個以上就業機會 產業園區陸續完工

除了旺來產業園區及埔里地方特色產業微型園區之外，南投縣政府持續推動設立產業園區計畫。包括福興溫泉區、草屯手工藝產業園區及竹山竹藝產業園區，各自有其特色與風格，未來發展潛力值得拭目以待。

其中，福興溫泉區是縣政府為了協助原廬山業者易地遷建安置，所提供溫泉業者產業重建的平台，打造全台首座「環保 · 綠建築 · 溫泉養生」國際級綠色休閒度假園區。目前遊客中心、停車場、親水公園、壘球場、汙水處理廠等公共設施，皆已完成，園區內將會建置完善的旅館區、商店區和各項公共設施，優先專案讓售給三十四家廬山溫泉業者，剩餘土地採公開標售。而位於園區內的福興農場旅館開發案，還榮獲二〇二一國家卓越建設獎—最佳規劃設計金質獎以及建築園冶獎的肯定。

埔里地方特色產業微型園區

埔里福興溫泉區

日月潭

第四章

自造者的夢想家

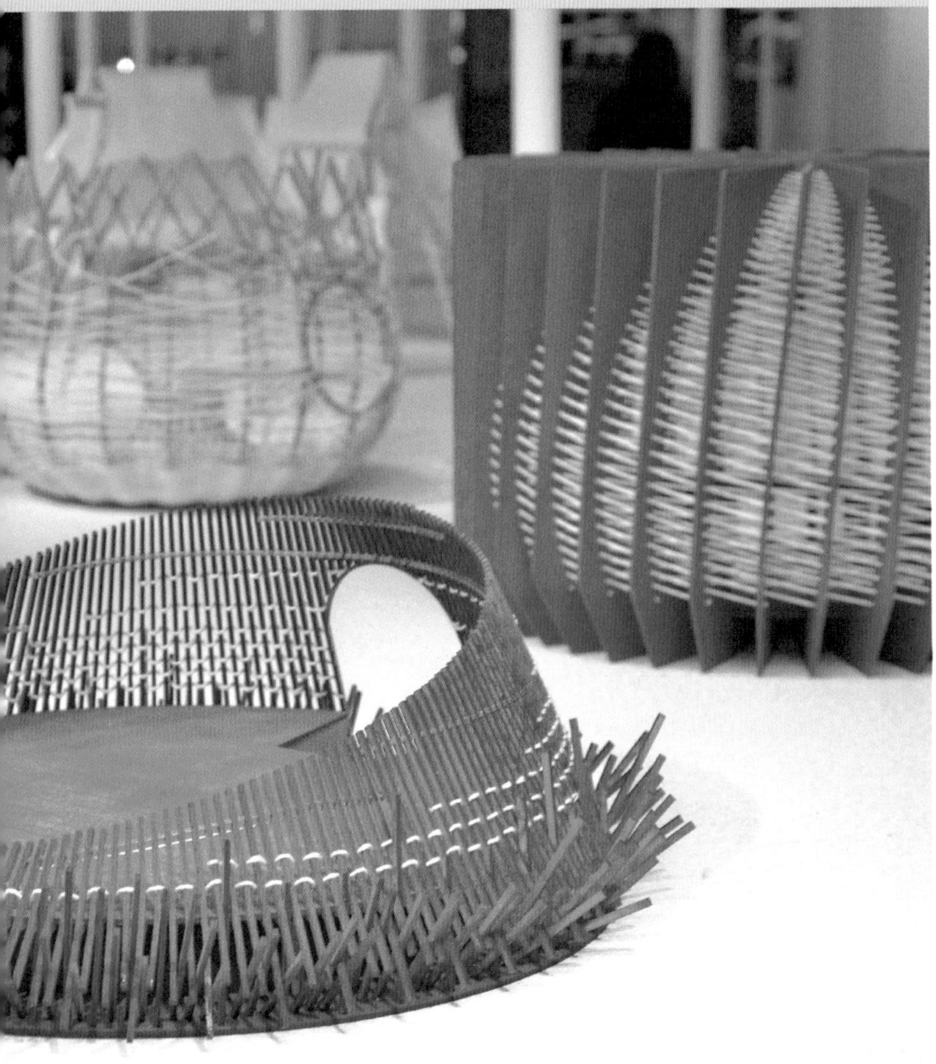

START-UP

英國學者查爾斯・蘭德利（Charles Landry）曾在著作《創意城市》中提及，當代城市發展面臨嚴峻的結構變遷問題，需要創意方法才能解決。創意是實踐觀念與思維的力量，需要蘊藏在文化背後的豐富資源，因此，文化提供創意素材，譬如多元價值及生活方式，簡而言之，文化是創意源源不絕的溫床。

近年來，南投出現一股結合文化與創意的力量，為這塊土地注入源源不絕的新活水，讓城市展現出豐沛的能量，翻轉城市面貌，也帶動經濟發展。

而這股力量，來自一群人，他們其中，有人帶著祖輩的期待，有人眷戀於土地魅力，有人呼朋引伴團隊而行，更有人是世代傳承，一棒接著一棒……

范承宗

自然引路，找到藝術靈感的沃土

南投擁有豐富自然景觀與文化底蘊，是許多藝術家創作靈感的來源，他們善用在地素材及文化內涵，創作出雋永的藝術作品，甚至站上國際舞台。

南投的陽光，燦爛且炙熱，從都會來到鄉間，眼目所及盡是滿滿綠意，讓匆忙的旅人放慢腳步。

這裡是青年藝術家范承宗的工作室，位於透天厝一樓，樓上是住宅。前方辦公空間除了電腦，書架上擺滿了植栽、書籍、手稿和作品模型，後面工坊是正在進行組裝的裝置作品。

二〇二〇年，工作室承接不少大型創作委託，至今進行中的就多達十幾個，范承宗笑著說，目前工作室的人手不夠，每天忙得不可開交，尋找工作夥伴的腳步沒有停過，計劃增加人手到七、八

青年藝術家范承宗以竹編裝置藝術作品而聞名於藝術界。

青年藝術家范承宗（右三）在南投成立考工記工作室，他和團隊致力於從在地的自然與文化中，挖掘出創造的元素。

在南投
找到生活感

位。二〇二一年七月，范承宗不畏疫情干擾，受邀赴紐約創作戶外大型作品。

范承宗是誰？或許對於不熟悉藝術領域的人來說有點陌生，但一提及他的作品，許多人印象深刻。二〇二一年，台灣受疫情影響，各地燈會紛紛停辦，南投是少數順利舉辦燈會的縣市，一座位於貓羅溪水上副燈「竹心・築心」，以在地竹材為元素，利用濃厚儀式感的照明設計創造視覺魅力，深獲好評，這正是出自范承宗之手。

范承宗出生於新竹，二〇一三年到二〇一四年曾在南投的役政署，服役期間，逐漸喜歡上南投鄉間的自然氣息。他說：「這裡的生活步調，和以前待過的地方很不一樣；我在外面騎車、開車，用眼睛能直接看出目前是什麼季節，四

工業設計領域出身的范承宗，相當擅長於細節的構思與設計。

季都有不同的鮮明變化……」

退伍後，范承宗回到新竹待了一年，覺得侷促的都市空間，愈來愈難以適應。於是，二〇一六年，他在南投成立考工記工作室，毅然決定移居南投草屯，選擇自己想要生活的地方。

范承宗分享，南投生活空間很大，空氣自由流動，讓心境和視野都變得寬廣。「南投和北部都市很不同，天空開闊，到處都有田，旁邊有山，我們想爬小山，就去健行，生活在自然裡。」而這幾年來，行走坐臥盡在自然之間，他也在這塊土地上，找到安居的所在。

從文化與自然擷取創作元素

南投是一個蘊藏悠久傳統文化和豐富自然景觀的地方，對於工業設計出身的范承宗來說，有著強大的吸引力。他著迷於傳統器物造形，對於快消失的手工藝情有獨鍾，挖掘各地古老手藝文化，希望從傳統中再創造，探索傳統手藝在現代的可能性。

二〇一七年，范承宗以邵族捕魚器具的「魚筌」為原型，在伊達邵碼頭展出竹編裝置藝術《筌屋》一炮而紅，引起高度關注。「第一次看到魚筌覺得很迷人，我去請教邵族耆老袁光河先生，他是最後一個會做邵族魚筌的人。」

他認為，日月潭除景點美外，還有很多被埋沒隱藏的文化歷史，為吸引人們對魚筌文化的興趣和注意，他應用魚筌的編織技藝，在湖邊創作大型裝置藝術，讓人們可走進來端詳手工技藝的魅力，身歷其境。「觀者像魚般好奇進入，會發現空間感很不一樣。」二〇一九年起，范承宗把焦點轉移至大自然中，他以台灣山林的鳥類生態為靈感，推出《築巢計畫I繡眼畫眉》與《築巢計畫II青背山雀》，精密的木板與繩索的交錯打造當代意象的巢穴，宛如放射型的鏤空亭台，坐落日月潭邊。「以前我們是跟隨老師傅學習，這次是向大自然取經，鳥類築巢的歷史，必定會比人類的手工藝還久遠……」

因為愛南投 化身地方代言人

從客居到落腳創業，范承宗對整個大中部地區熟門熟路，當初定居南投，身邊的朋友都覺得奇怪，年輕人不都是積極往都市發展，為何偏他反其道而行？「我們這個世代，聯繫、工作大多仰賴網路，反而沒有地域性限制，我優先選擇想要生活的地方，再來考量工作要怎麼配合。」

范承宗進一步分享，南投有很多優勢，例如交通便利，相較於大都市來說，生活消費水平也較低。加上大中部地區是精密工業重鎮，舉凡各種金屬加工、電鑄、雷射切割，甚至是各種木工或塗裝廠商等，都很容易找到，而且離南投很近，大多在車程約半小時內可抵達，省掉不少運輸和交通往返的時間。

「整個大中部有很多我們的供應商，合作廠商也幾乎在中部，有時急件在一天內打完樣，很有效率，」范承宗認為住南投，反而可在工作上和人們保持良好距離，自然篩選掉一些不明不白的委

「龍宮二代」是考工記工作室的藝術作品，在 2021 年南投燈會時曾展出。

託，「以前在台北或新竹，碰面容易，常常耗費大量時間在無疾而終的拜訪。」現在遇上的委託大多成熟明確，才會以網路溝通，必要時再外出到台北，而他會把所有會議都排在同天內完成。

近年也有許多國際品牌找上范承宗，甚至直接從國外飛來工作室。「像與愛馬仕的合作，團隊從法國來訪，會先看工作室的環境，也很注意工作流程，國際大品牌向來都很尊重藝術家，只要人對了，其他合作模式可以慢慢細談。」只要有創意有想法，時空並不是距離。

移居多年以來，范承宗覺得南投的生活品質很好，生活機能也方便，健身房、外送和連鎖品牌幾乎都有。「我在這裡生活很快樂，也是很棒的工作所在地。」儼然成為南投青年移居代言人的范承宗，很滿意現況，也在工作與生活間，找到平衡與最舒適的位置。

張鳳英

人間國寶，賽德克的傳統文化

從種植苧麻到製作麻線，再用經挑技法織成美麗的圖紋，在每個細節用心付出，才能編織出如此細膩且令人驚豔的藝術精品。

位於南投縣仁愛鄉南豐村的賜得磊安教會，傳出一曲賽德克族傳統文化藝術團悠揚清唱的傳統古謠。而台上的團員們身上穿著的賽德克族傳統舞衣，則是花了五年時間，由團員們自己親手所織作，指導老師正是二〇一一年榮獲文化部人間國寶殊榮的張鳳英。

外型纖弱優雅的張鳳英，為了傳承賽德克族傳統織布技法，十多年來帶著簡稱「地機」的傳統織布機，四處示範授課。由於賽德克族特殊的經挑織法，只能使用水平式背帶腰織機，須全程坐在地板上，對腰背負擔頗大，但張鳳英不畏辛苦。「我的外婆一生專

2021 年榮獲文化部人間國寶殊榮的張鳳英，是賽德克族傳統織布工藝高手。

因為陪伴
展開織布習藝之旅

注於賽德克傳統織布，只要有人想學，再辛苦都要繼續下去，這是我紀念她的方式。」

張鳳英的外婆張玉英，出生於南投縣仁愛鄉巴蘭社，後遷居中原部落，是國寶級的賽德克傳統織布工藝高手，一生專研賽德克族傳統織布，二〇〇八年因不慎跌倒，以九十多歲高齡驟然離世。

二〇〇九年，行政院職訓中心找上了張鳳英，表達希望將賽德克傳統織布技藝，透過訓練方式傳承下去的意願。考量到過去織布是賽德克族人生活的一部分，隨著耆老凋零、語言障礙等，傳統技藝逐漸消逝，以前未曾想過會走上教學之路的張鳳英，決心將外婆的織布技藝傳承下去，發揚光大。

提起接觸傳統織布的因緣，張鳳英說，因母親早年在都會區教

賽德克族傳統文化藝術團的成員穿著自製舞衣上場表演，十分開心。

授洋裁，她留在部落由外婆一手帶大。坐在織機前，沉浸在織布聲中，是童年最美好的時光。真正有系統向外婆近身學習，反而是在孩子上大學後。九二一地震時，帶走了張鳳英的兩位阿姨，定居台中的她，常常回到部落陪伴外婆。當時族裡有很多人來請外婆織布，甚至也有日本人。「對外婆來說，織布可以賺取生活費，是一件開心的事，」張鳳英在旁幫忙理線織布，有不懂之處就向外婆請教。

在賽德克織布技法中，「經挑」技法是最上層的技藝，幾乎快失傳，外婆張玉英是箇中高手。張鳳英說，一般的服裝都以平織或浮織織成，「經挑」是賽德克織布中難度最高的，與平織或浮織不同的是，「『經挑』是把緯線包覆起來，只露出經線。必須精準的

賽德克傳統織布工藝中，透過「經挑」等技法，才能織出美麗的圖紋。

牢記圖紋和步驟，而且要專注運用每項工具的特色，才能織出美麗的圖紋。」

張鳳英回憶，外婆個性安靜，話不多，如果不小心弄錯，外婆只會用挑花棒敲一下提醒：「要錯了，小心。」有一次她問外婆問題，結果外婆不發一語，過了幾天卻刻意要她幫忙拿取一項物品，才意識到外婆是在回答她的問題。「不立即給答案，讓你自己體會，她認為這樣才能真正學到東西。」

張鳳英做事很認真，且勤做筆記，很快就熟能生巧。「傳統織布的織紋，是幾何圖形組合，因為我有乙級機械製圖檢定的專業背景，能較快掌握原理。」從那時候開始，她一邊和外婆切磋，用文字和圖形留下珍貴的紀錄，認真地繼續鑽研和創新，一直到現在。

喚起使命感 親手織舞衣

隨著對賽德克傳統織布工藝文化日趨重視，二〇一二年南投縣政府文化局將張鳳英登錄為賽德克族織布技藝保存者，開辦傳統工藝傳習課程，學員不分男女老少，有漢人也有原住民。

張鳳英在教學時發現，部落族人的學習心態和一般都會學員有所不同。「織布會喚起兒時的記憶，對Gaya（賽德克族）規範的自我期許，內心產生一種使命感，有的甚至會很用心為女兒織作很多布疋做為嫁妝，這就是傳統的連結。」

最特殊的就是仁愛鄉南豐村賽德克族傳統文化藝術團的成員。張鳳英說：「以前族人跳舞的舞衣都是自己織的，藝術團本身也是

每個細節用心付出

賽德克傳統文化保存團體，自製舞衣對他們而言很有意義。」在南投縣政府文化局建議與鼓勵下，五年前，張鳳英開始教藝術團成員自己織作舞衣，對於這群已經五、六十歲的婦女族人來說，可以穿著自己手織的舞衣上場表演，令她們感到十分榮耀。

致力推廣傳統文化的張鳳英，除了傳統織布技法，也在部落自家土地種起了苧麻。張鳳英說：「早期，南投很多原住民家庭都會留一塊空地種苧麻，婦女用自己做的麻線幫全家人做衣服。」

種植苧麻到製作麻線的工序相當繁瑣。首先苧麻需要三、四個月才能收成。採收後要把纖維抽出、漂洗，才能捻成麻線。張鳳英說：「麻線要加木灰泡軟，再煮三、四個小時。木灰要選用好的木材，像是黃麻或梅子樹的樹皮。煮過後再拿到太陽下曝曬至少一個月。苧麻線吸收陽光才會愈來愈白……」從製作到完成的過程，每一個細節用心付出，更讓人感受到傳統服飾就是一件藝術品。

因為看著妻子一路走來的努力，張鳳英的先生曹立法也投入維護賽德克傳統織布工藝的行列，四年前從教職退休後，協助妻子展開技藝保存計畫，由張鳳英口述，他執筆和排版，二〇二一年十月由南投文化局出版《三代織女：一個賽德克家族的技藝與記憶》專書，夫妻兩人共同為賽德克族傳統珍貴的文化傳承奉獻心力，也替後世子孫留住原住民傳統文化的美好色彩。

| 聚焦南投 |

重要傳統藝術保存者
文化部指定的人間國寶

李榮烈「 竹工藝：籃胎漆器 」

王清霜「 漆工藝 」

黃麗淑「 漆工藝 」

張鳳英「 賽德克族 Gaya tminun 傳統織布 」

活化社區

凝聚能量，讓家鄉更好

有句話說：「一個人走的快，一群人走的遠」，這種團隊合作展現出來的力量與動能，落實在南投縣許多社區中。他們所求無他，就是希望讓家鄉變得更美更好。

當音樂響起，台上的演員們開始隨之舞動，沒有台詞，僅透過肢體語言，演繹一段先民造橋的故事……這不是編舞家的創作，而是由南投埔里的珠仔山社區的居民們，為呈現家鄉的歷史而演出的舞台劇。不僅曾登上臺北小巨蛋公演，還獲得文化部「全國村落劇PK賽」傑出劇團獎與最佳人氣獎殊榮。

「珠仔山社區」位於埔里鎮南面郊區，右臨南烘溪、左靠白葉山，景色秀麗。珠仔山社區發展協會是二〇一一年由前理事長黃啟瑞所成立。黃啟瑞自幼就生活在埔里，因父親早逝，從小就要協助家中農事，就連北上求學，每年暑假也要回家種茭白筍。他說，這

珠仔山社區發展協會前理事長黃啟瑞（右一）成立社區舞台劇團，希望藉由召集居民加入劇團、一起排練的過程，凝聚並建立對家鄉的向心力。

個時節種的茭白筍最好吃。

因應高齡化
透過協會之力照顧家鄉

黃啟瑞曾任教職於南開科大，當時學校為了因應高齡化社會來臨，身為醫療器材研發中心主任的他，便投入研發老人照護的遠距健康系統，參與關懷據點服務。中年後返回南投家鄉，卻發現缺少這樣的據點，便號召鄉里熱心的民眾，成立社區發展協會。

黃啟瑞說：「社區關懷據點成立之前，鄰里之間互不認識，但現在大家都變成了一起共學的好朋友。」而構思社區發展計畫過程中，黃啟瑞也看到溪南國小畢業生以舞蹈演出的歷史劇《南烘大水隆生情》，訴說當地第一座橋梁「隆生橋」的建造經歷。他想，既然是社區歷史，如果能由社區居民來演出，豈不是更適合？於是和溪南國小討論，借用劇情和道具，並

在珠仔山社區展示的長者自畫像，展現出藝術感十足的創作活力。

以此提案，向文化部申請二〇一二年度的社區培力計畫補助。

但成立社區舞台劇團，並不如想像中順利。鄉親個性多半含蓄，極易怯場，且沿用舞蹈形式，許多翻滾、跳躍動作，對老人家來說難度太高。因此黃啟瑞重新編排成較有生活感的舞台劇，接著邀請社區裡有舞蹈經驗的學員們加入劇團。因為劇情生動有趣，又富有文化傳承意義，媽媽團員們開始把先生、孩子都找來，變成許多夫妻、母子或兄弟檔全家一起參與。

二〇一二年的中秋社區晚會，是舞台劇團首次在鄉里表演，很多經歷過這段歷史的老人家，看完都不禁感動落淚，也就此打開劇團知名度，參與人數愈來愈多，黃啟瑞說，劇團人數最多曾經有八十三位，現在大概維持在五十人左右，

兼顧生活、生產、生態與未來發展

從四歲小朋友到八十歲的長輩都有，其中以五十到六十歲為最多，也成為支持社區發展協會的主力。

「協會理監事、會務幹部、服務人員，有十五位都是舞台劇的團員。所以我常常開玩笑說，擔任理監事都要會跳舞才行，」黃啟瑞觀察，從舞台排練建立的革命情感，到一起為家鄉做事所凝聚的向心力，透過群組、開會隨時溝通，使得後續推動的社區工作，幾乎沒碰到什麼阻礙。

有了這段經驗，讓黃啟瑞更了解家鄉歷史，也更積極地挖掘出地方特色，形成未來發展規劃的藍圖。

「例如總鋪師就是珠仔山社區裡很重要的文化，」黃啟瑞說，光復初期，每當家有喜事、喪事需要辦桌，都是由附近居民互相幫忙，且需要一個人跳出來負責指揮，這個人就是總鋪師。

隨著辦桌需求增加，總鋪師開始接案，不限於社區，也會到埔里鎮上，漸漸成為知名特色。不過因時代變遷，總鋪師需求減少而逐漸消失。黃啟瑞便決定將社區的舞台劇團，和總鋪師文化結合，變成「吃飯看戲」的活動，讓民眾可以一邊吃著古早味辦桌，一邊欣賞舞台劇，成為在地的特色活動。

除了文化面，「生活、生產、生態跟未來式」也是珠仔山社區努力發展的方向。

像是社區盛產茭白筍，茭白筍易受到福壽螺侵蝕，為了不使用

由珠仔山社區發展協會所出版的社區歷史繪本，希望能讓居民輕鬆認識社區。

農藥，社區選擇飼養土虱來抑制福壽螺，當茭白筍收割之後，就要把土虱移到水池過冬，待隔年種植時，再搬回去。不過此舉雖顧及生態，卻耗費人力，於是又推出「為鯰魚搬家」的產業體驗活動，讓活潑好動的孩童下水幫忙找魚。來自都市的小朋友平時較少接觸農事，都覺得活動新鮮有趣，推出後頗受好評。

「會開始做產業相關的活動，也是理監事提醒，除了做長照和文化活動，鄉里年輕人都沒有賺到錢，經濟面也要照顧，」黃啟瑞說，因此他們開始努力研究，如何把文化、生態和產業鏈結合。

黃啟瑞說：「現在社區進行中的計畫，與南投縣政府每一個局處都有緊密連結。」無論是「環保小學堂計畫」或是農村再生、長照、文化、景觀規劃，縣府的環保局、農業處、建設處、文化局，都提供很好的輔導團隊，對實際執行有很大的幫助。「社區是很特別的組織，十分獨立，可以直接發文到任何單位，省去公文旅行。這也是地方政府能夠更有效率協助社區發展的重要原因。」黃啟瑞進一步說明。

珠仔山社區發展協會，成立至今已有十一個年頭，雖然黃啟瑞早已卸下理事長的職位，轉為執行長。而為了永續經營，珠仔山社區建立了四個副理事長的制度，可提前熟悉社區事務，不必擔心斷層問題。組織調整、培育人才、社群經營組織是社區營造重要的三部曲，許多單位都邀請黃啟瑞去演講分享。儘管珠仔山社區已連續

珠仔山社區已經連續兩屆入選農委會金牌農村，並在 2021 年奪得金獎。

兩屆入選農委會金牌農村，並在去年奪得金獎，對於社區發展，他仍不斷思考怎麼樣能做得更好。

黃啟瑞說：「將珠仔山社區打造成一個符合里山概念多元化的生態村，是下一個階段的夢想。」譬如打造長照站、日間照護、學童課輔的活動中心，結合老樹和復育瀕臨絕種淡水魚的生態園區……透過社區結合在地力量，以靈活思考與高度執行能力，將為社區注入源源不絕的活力，帶著居民邁向更美好的生活環境。

異鄉之旅 成為回部落的契機

除了珠仔山社區之外，榮獲行政院「第二屆金牌農村競賽」優等獎的南豐社區，則透過原住民部落文化，找到推動地方產業、吸引年輕人回鄉的關鍵點。

南豐社區是賽德克族主要居住的部落之一，位於南山溪西側與眉溪北側交接處，生態資源豐富，過去曾是知名的賞蝶勝地。

現任南豐社區理事長王嘉勳說：「以前台十四線兩旁都是水稻田，生態很豐富，四處有蝴蝶、蟬鳴蛙叫，但離開之後全都變了。」回想起那段美好日子，彷彿還歷歷在目，也因為從小在部落長大，對地方有深厚的情感，直到國中時，父母將他送到城市讀書，才離開部落。

大學二年級時，王嘉勳因原住民族委員會的「大專青年國際交流計畫」前往紐西蘭，體驗當地原住民毛利人的生活，看到他們自我認同與對文化保存的精神，產生極大衝擊，也讓他心中有了返鄉的念頭。

從反對到認同 尋求部落祖輩支持

不過當時部落因九二一大地震，以及強颱陸續襲來所造成的土石流災害，幾乎改變了原本的地貌與生態，加上王嘉勳長時間離家在外，不會說族語，部落裡向來重視倫理關係，即使回來想做些什麼，也難以立刻被認同，一切只能從零開始。王嘉勳說，當時父母親都在社區協會裡當幹部，他就一邊默默地幫忙，一邊重新學習語言，慢慢摸索如何與大家相處。

回想剛返鄉那幾年，王嘉勳不斷思考能為家鄉做些什麼。記得在紐西蘭時，看到毛利人的壁畫、雕刻，很多故事都是從「家」出發，這讓他想到可以重新建造賽德克族的傳統建築——家屋。但一提出想法，卻受到部族長輩的反對，大家認為家屋已經消失了太

南豐社區理事長王嘉勳致力於透過原住民部落文化，推動地方產業的發展。

台十四線附近的生態很豐富，經常可以看到蝴蝶的蹤跡。

久，沒必要重現，不願給予協助，王嘉勳只好透過自己手邊現有的資料努力拼湊，卻蓋出了一間四不像的家屋。

「那時候很挫折，我協助過很多外面的社區，都做得很好，為什麼這種成就感跟驕傲，在自己家鄉就不行？」王嘉勳原本想著蓋完家屋，就離開部落出去找工作，沒想到蓋完之後，老人家儘管碎唸，卻開始願意給予意見，分享兒時對家屋的印象，甚至有族人一起投入。這讓王嘉勳十分感動，也逐漸找到了溝通的方向，他發現自己過去很少停下來，聽長輩們說以前的故事，於是開始調整自己的心態，繼續努力。

王嘉勳說，很多人都認為年輕人是混不下去才回部落，其實不然，南豐社區裡有很多教育程度很高的年輕人。就拿自己來說，大學時期經常幫忙寫計畫提案，做社區營造。畢業後，更到商學院進修經營管理，跟著許多企業家看到產業面的問題。

正因為學過管理，讓王嘉勳養成看到問題會想辦法解決的習慣，進而認知到自己的角色，是要把年輕人拉回來，找到可以協助的部落進行內外連結，以及規劃執行專案的人，這樣一來，地方就會慢慢的改變。

找回部落的連結 重新面對土地

有了家屋之後，長輩們開始回憶起過去的生活方式和傳統祭典，「譬如以前屋子裡內部如何擺設？打回來的獵物或吃不完的食物要放哪？這些傳統文化習俗就慢慢浮現，當過去的生活有了畫

南豐社區理事長王嘉勳（左一）重新建造賽德克族的傳統建築——家屋，希望藉此重現和傳承部落文化。

面，彼此的交集點就更多了，」王嘉勳說，蓋家屋不是為了觀光，而是為了教育，因為有了家屋，他們也和學校合作舉辦文化營，像是狩獵、編織、飲食、傳統技藝的文化復興，而整個部落就是自然的博物館、教室。

不僅重現傳統文化，部落也致力於生態的平衡。像是過去南豐社區曾是國內外研究與採集蝴蝶的重要地區，但因地震、風災，以及過度捕捉，蝴蝶種類曾經從以往的兩百三十四種，變成六十幾種，而後透過與水保局、縣府及原民會等單位合作，一同復育蝴蝶的棲息地，現在又逐漸恢復過往的繁榮景象。

此外，由於南豐社區早期以種植水土保持相關作物，獲得政府補助，因此，許多部落長輩們都會種植苦茶，只是尚未形成產業。對此，王嘉勳先申請原民會的補助，接著導入田園管理制度，讓農民能更有效率的量化生產，改善制度並提升品質，還曾獲得「比利時國際風味暨品質評鑑」一星與二星的評鑑肯定。

「做了這麼多，就是希望可以帶動地方產業，讓大家都可以賺錢，但是賺錢不代表要犧牲掉自然，部落的長輩都說，賺的夠用就好，多有智慧呀！」王嘉勳笑著說，要讓生活、生產、生態都能平衡，這才是賽夏族代代相傳的 Gaya（祖訓），語氣中滿是對家鄉的驕傲和自信。

| 聚焦南投 |

打造優質農村
第二屆金牌農村競賽最大贏家

行政院農業委員會舉辦的「第二屆金牌農村競賽」，全台共有七百八十四個農村參與競賽，選出二十三個優秀社區。代表南投縣參賽的埔里鎮珠仔山社區及埔里鎮桃米休閒農業區獲得最高榮譽的金牌，仁愛鄉南豐社區則榮獲優等，總計二金一優，是全國唯一獨得雙金的縣市。

第二屆金牌農村競賽南投縣得獎名單

獎項	區域	原因
金牌	埔里鎮珠仔山社區	有豐富的文化底蘊，社區居民共同演出的歷史舞台劇，曾登上南投文化中心公演
金牌	埔里鎮 桃米休閒農業區	全國知名的生態村，以友善的方式與生態共好共存
優等	仁愛鄉南豐社區	重視在地生態復育，保存賽德克原民文化

創新農業

源於土地的夢想

農業與觀光是南投兩大產業，前者來自富饒土地的力量，後者則是老天爺賜予的禮物，年輕人善用南投得天獨厚的資源，一步一腳印完成屬於自己的夢想。

俐落的髮型、雪白的襯衫配上平整的休閒褲，第一眼看到山間良物執行長郭大維，很難想像這個人務農。他聞言大笑：「這真是我們家的困擾，常常去市集擺攤，大家都不相信我們是農民，不相信東西都是自己種的。」

郭家務農至今已第三代，而且三代都是中途轉行當農夫。郭大維的父母郭翰霖、陳疇瑛原本做植物貿易，主要外銷日本、韓國。但郭媽媽坦言：「其實貿易不好做耶。」有一次他們外銷一個四十呎貨櫃的馬拉巴栗到日本，結果檢疫沒過，只好全部銷毀，損失慘重。那陣子剛好阿公過世，他們繼承部分土地，乾脆結束公司業務，回家務農。那時台灣香蕉漸趨沒落，產量愈來愈差。於是他們先養地，放著讓土地長草荒廢，再去農試所從基礎農業學起，順便思考是否可種些高經濟作物。

夫妻倆起初投資一、兩百萬種植用來包檳榔的荖花，結果採收前全被颱風颳走，血本無歸。後來繼續砸錢，在農試所指導下成立溫室，是台灣第一批引進以色列滴灌系統做溫室水耕的學員。先後種了牛番茄、小黃瓜、美濃瓜、小番茄，卻都難以為繼。

遍嘗務農 辛酸血淚

牛番茄當時是新品種，相較於帶綠的黑柿番茄，牛番茄長出來還硬硬的時候，整顆就是紅色的，很適合早餐店、速食店切片夾在三明治、吐司裡。沒想到整箱送到拍賣市場時，拍賣員沒見過牛番茄，以為過熟快壞了，整批丟掉。

美濃瓜也種得非常漂亮，相較市面上亮晶晶的美濃瓜，郭家的瓜外層細細包覆絨毛。儘管拍賣市場還是賣不好，但水果行賣得不錯。郭媽媽解釋：「他們懂貨，知道這在溫室種得非常好，毛才會完全包覆。」可惜，瓜太香了引來青竹絲，把她嚇個半死，種一次就不敢種了。

小黃瓜和小番茄雖然有賺到錢，但太累了。由於利潤有限，所有農務都是夫妻倆拉著孩子一起完成，沒辦法請工人。小番茄的繁複工序則讓郭家小孩一聞就嚇到反胃。郭大維回憶：「小番茄一串一串結實纍纍，剪到最後手會抽筋；最可怕的是根本採不完，有些爛掉的非常臭。」

但再怎麼可怕都比不過秀珍菇。小番茄之後，夫妻倆把糖廠的土角厝改成倉庫種秀珍菇。因為沒有溫控，只要外面氣溫攀升，整個倉庫的菇就會突然爆量長出來。才採第一排，後面六排已全部長大。郭大維記得有一次從下午四點採到隔天下午四點，好不容易收工，郭大維卻發燒了，原來是因為在倉庫裡待太久，即使戴著口罩，整個鼻子還是吸滿了孢子，過敏腫起來，連咳出來的痰都是綠色的，他說：「這真的不是人能做的工作。」

既然有能力
為什麼不為家鄉做一點事？

還在種秀珍菇的時候，郭家原本的農地也沒閒著。郭爸爸在地方長輩介紹下，種了新品種——砂糖橘。為了讓橘子風味更好，先花三年種金桔做母株，接著嫁接砂糖橘，又種三年終於採收。

砂糖橘個頭小小的，甜度高卻不膩口，果肉細緻香氣濃，一剝開整個空間都是橘子香。第一次採收時，為了讓拍賣員知道這種橘子不一樣，他們特地選擇小塑膠盒，一顆顆整齊擺上去。結果拍賣員認為這橘子很小可能沒長好，一斤二十元低價賣掉。

屢敗屢戰的郭爸爸看到這個價格也氣餒了。這時，從小看著父母在拍賣市場起伏的郭大維忍不住跳出來說：「爸，我幫你賣吧。」

郭大維大學念視覺設計，畢業後當文化替代役，第一份工作在國立台灣工藝研究發展中心，接觸社造計畫，回頭看看自己的家鄉、父母，不禁覺得：「我既然有能力，為何不回家做些事情？」

山間良物執行長郭大維善用臉書粉絲專頁來販售砂糖橘，曾創下一分半鐘完銷的佳績。

擺脫拍賣市場 自立品牌

他決定在臉書開粉絲頁賣橘子。一開始郭爸爸很質疑，問郭大維：「我幾噸的橘子送拍賣馬上賣掉，你在網路要賣到什麼時候？」但郭大維耐著性子，把整個種植過程放在粉絲頁記錄、分享，最後收成時，大概花了一個月賣光所有產量，而且價格漂亮，一斤上百元。第二年速度更快，一個星期滿單，第三年十二小時滿單，最近一次在今年，一分半鐘即完銷。

銷售狀況奇佳的原因，在於品質與誠信。他分享：「不是東西好賣，就可到處收人家的水果來賣。我們砂糖橘香氣與風味層次獨特，全部自產自銷，現在的消費者嘴巴很挑，若拿別人家作物販售，一吃就知道，也就破壞消費者信任。」

為了增加信任感，才有山間良物這間咖啡館誕生。

郭大維解釋：「開這間店的目的，是讓客人相信我們真的有在種作物。」他們改造原本種秀珍菇的倉庫，消費者來這裡喝咖啡、吃甜點外，可以到一旁的果園走走看看，親身感受到砂糖橘磅蛋糕原料中的橘子，是在這裡生長的，剛剛喝的那杯咖啡，咖啡豆就從橘子樹下長出來，經過採收、揀選、發酵、烘焙到磨製完成。南投縣政府為鼓勵年輕人回鄉經營，許多觀光及訪視行程，也會安排前來山間良物參觀。

「農業很辛苦，但是你總不能一直在賣悲情牌，」郭大維表示，「我們要讓消費者知道農業是一種可以信任的專業。」為此，他將「山間良物」註冊商標品牌化，專賣自家生產的砂糖橘、咖啡、橄欖、甜點，甚至還用自家砂糖橘養蝦子。「機會不是都在台北、台中，我們要讓年輕人知道家鄉是有希望的，」站在家族三代經營的土地上，郭大維滿懷使命感，堅定地往目標邁進。

回鄉創業 開啟人生另一條路

務農是年輕人從土地萃取成夢想的一種方式，而用農作物轉化為商品，面向消費者市場，則是年輕人勇敢面對挑戰的一股氣勢。譬如創立「熊愛呷冰」的年輕人張維廷，懷想著兒時居住在中興新村的熱鬧景象，相較於如今的清幽沉寂，選擇回鄉創業開店，想要把人潮再吸引進來，活絡這片美麗的土地。

「熊愛呷冰」是一間冰店，坐落在一棟圓形的獨立建築中，這裡是國立南投特殊教育學校的校舍，原是學生實作烘焙等產品對外展售的空間，但因營運不易而閒置，張維廷便透過招標的方式標下這棟建築，同時也提供學生到店內實習的機會。

張維廷創業開冰店，可說是一個人生轉折的契機。會計研究所畢業後，原本想進入會計師事務所工作，經過幾次面試失敗，打擊了他的信心，沒想到教授跟他說，學會計不一定只能走事務所這條路，人生還有許多可能性，教授還送他一個錦囊，裡面一張紙條寫著「不要怕、不要悔」。

帶著教授鼓勵的話語，張維廷入伍服兵役。被分配到伙房工作，因為廚房很熱，有一次跟同袍開玩笑說：「乾脆我去賣冰好

山間良物咖啡館內的砂糖橘磅蛋糕（上），都是運用自家農作物所製成。

「熊愛呷冰」以台灣新鮮水果為原料，製作出一支支色彩繽紛的鮮果冰棒。

新鮮水果貼片冰棒 爆紅秒殺

了。」沒想到從此這個念頭開始在他腦中打轉，張維廷心想台灣水果產量豐富多樣，是不是可以用來做冰？休假時，也開始找網路上知名冰店的訊息，到處看、到處吃，累積了心得後，對開冰店這件事愈來愈嚮往，也愈來愈有信心。

退伍後，他先在學校擔任行政職，下班後到附近老牌冰店無酬打工，一邊了解冰店運作，一邊存錢。張維廷還找了從小一起長大的鄰居，兩個年輕人各自拿出積蓄，成為開店的第一筆資金。

張維廷選擇投入的品項是冰棒，之所以如此，是因為學會計的他，有一種保守悲觀的特質，設想如果店面沒人光顧，冰棒還可以網路宅配；此外，他也觀察到當時市面上冰棒變化不多，應該還有突破的可能性。

熊愛呷冰創辦人張維廷回鄉開店，就是希望吸引人潮來南投，活絡在地產業。

以青年創業貸款度過難關

二〇一六年，熊愛呷冰開幕，首波推出的水果冰棒，是以各種新鮮水果打成果泥後，加入牛奶做成冰棒，過程中不加一滴水，上面再貼上不同的水果片，色彩繽紛、十分吸睛，新鮮的果香滋味更是引來一批饕客，店才開張兩天就把庫存全賣光了，第三天只得暫停營業，緊急趕工製作。張維廷形容第一年業績好得誇張，曾經單日賣破千支，是至今尚未突破的紀錄。

第一年的爆紅並沒有讓張維廷沖昏頭，他評估新鮮感帶起的風潮會在第二年退燒，若能維持第一年的六成銷售就算不錯，沒想到還是太樂觀，業績直接掉到剩三成。他分析原因，價格是其中一大因素，「一支冰棒賣五十、六十元，這在南投從來沒有出現過。」張維廷坦言定價是一個痛苦的過程，雖然知道這個價位不具競爭力，但礙於成本考量，卻又已經是低到底線的價格。

挫折並沒有讓張維廷退卻，反而積極思考策略，一邊開發新模具做出不同造型的冰棒，一邊大量展開網路行銷，此時卻遇到資金需求問題，所幸南投縣政府在二〇一九年開辦「青年創業貸款」拉了他一把。「『青年創業貸款』專案是為了減輕青年創業期間的資金壓力，除了貸款金額最高一百萬元，縣府還特別編列預算全額補貼利息，期限長達五年。「借錢不用利息，縣府就像我的父母耶，甚至我還不敢跟爸媽借錢。」張維廷說。

為了創造新產品、新話題，開模具和添購全新冷凍設備都是一筆大開銷，網路行銷也是燒錢燒得可怕，一個月花到上萬塊都是稀鬆平常的事。他回想如果沒有這筆資金，還真不敢放手去做。

當一個造浪者引領風潮

熊愛呷冰的水果貼片冰棒一炮而紅，引起其他業者仿效，張維廷說：「擔心仿冒沒有用，與其擔心，不如做一個造浪的人，讓競爭者一路尾隨在後。」正面看待自由市場的競爭，就是為了讓自己變得更堅強。

在冰棒的口味開發上，張維廷和許多果農合作，充分運用台灣豐富的水果，曾經親自到荔枝園摘荔枝；柚農的柚子滯銷，便買回來研發柚子冰棒。他也接受委託代工，幫神木谷大飯店做過一款五葉松冰棒大獲好評；而做過最特別的是高雄岡山志斌豆瓣醬的老闆娘拜託他嘗試的辣豆瓣醬口味。他笑說大家會期待每個月的新口味，他也很願意不斷挑戰新食材。

不僅如此，張維廷也開始積極往外尋找曝光機會，包括和一群返鄉青年聯合發起漫遊中興新村群聚計畫，也在校園裡辦過夏日冰品節，成功製造話題、吸引人潮，讓大家看到南投也有不少年輕人創造的新品牌。

創業的考驗一波接著一波，近兩年因疫情，門市生意受到影響，張維廷布局的宅配市場此時發揮了作用，就像他創業時即考慮到的，「客人不來，還可以把冰賣到他們手上。」從南投出發，張維廷有信心，未來全台灣都可以買到吃到來自南投在地品牌的冰棒。

｜聚焦南投｜

最高 200 萬元，最多 5 年
青創貸款補貼，減輕創業負擔

青年創業資金募集不易。為了協助創業青年及中小企業順利取得融資，藉以留住優秀人才及企業，創造更多就業機會，帶動南投在地產業及經濟發展。縣府於二〇一九年十月十六日開辦「青年創業貸款及中小企業一般融資貸款」專案，協助縣內青年及中小企業取得融資，開創自己的事業。

青年創業貸款最高一百萬元，中小企業貸款最高兩百萬元，貸款期限最長五年。縣府也編列預算全額補貼青年創業貸款利息，減輕創業青年創業期間的資金壓力，對於想要創業或創業中的年輕人是一大利多。

九二一平價住宅

建構家的面貌，再生安居

曾經，望著滿地的砂礫而無法回家，三餐不繼；現在，不但有了溫暖的小窩、穩定的工作，身旁還有一群可愛的人們，共同快樂地生活著。

為經濟弱勢居民解決問題

走進埔里鎮北梅社區，一幢幢三樓半的透天厝，採光明亮，門前小院，有桂花、松柏、香草植物……看得出來主人的用心。在埔里鎮公所擔任關懷個案辦理人員的羅秀英，自二〇一一年搬過來已經十一年了。九二一地震後，為了安置住組合屋的災民，營建署斥資十多億元，興建平價住宅，北梅社區正是其一。

「以前在埔里，人們的生活很平靜。地震後，這裡幾乎成為廢墟，災民們無處謀生，真的過得很辛苦。」回想起一九九九年的大地震，七十一歲的羅秀英至今仍心有餘悸。

「我是水里人，也是九二一受災戶，對於平價住宅居民期盼擁

埔里鎮北梅社區，是九二一平價住宅之一。

有一個家的心情，感同身受，」現任陳秀珠地政士事務所所長陳秀珠，當時正面臨剛離職沒多久、住家和開設的咖啡廳夷為平地的窘境；不過，在她看到周遭有更多人也面臨同樣的情形後，還來不及難過，立即振作精神，到里長辦公室，決定要以自己的地政士專業，幫忙其他經濟弱勢的受災戶，「無論多困難，都只能衝了！」

對於這些受災戶來說，只是想要走出震災陰影，擁有專屬的安穩居所。然而，九二一後，家倒了，只能先被安置和承租平價住宅；數年後，卻又面臨無力購買平價住宅、差點無家可歸的狀況。

陳秀珠觀察，經濟弱勢的居民，往往沒有固定工作和收入，有的甚至因卡債等信用問題，光是維持自身的生活條件已有困難，更難

陳秀珠地政士事務所所長陳秀珠（右），積極奔走於各家銀行與南投縣政府之間，只為幫助經濟弱勢的受災戶。

像一般人擁有收入憑證，做為貸款銀行所認定的還款來源，導致時常發生申請文件送到銀行後常被退件的情形。因此，她竭盡全力，奔走各家銀行、南投縣政府相關單位，商討任何可行的對策與方案。

回想經手過的無數案件，有位楊先生令陳秀珠印象深刻，「在某間公司擔任清潔人員的他，為了申請銀行貸款二十萬元的補助金，屢次無法審核通過，到第三年才總算成功。」在準備申請的過程中，需要蒐集和整理相關的身分證明、薪資、信用等資料，但這些往往是經濟弱勢者最缺乏的，當每次申請卻失敗時，難免讓人失落；但有毅力的她繼續幫楊先生分析、尋找方法，一步步引導，最後順利申請。「聽到『謝謝』就已經很滿足，」陳秀珠說。

另外，還有一位八十歲的老阿嬤，也是令陳秀珠難忘的案主。老阿嬤心心念念的就是希望這輩子能夠擁有一個屬於自己的家，雖然以外人的眼光來看，她的兒女的確沒辦法提供資金幫她買房圓夢，而且她自己年紀也這麼大了，實在沒有必要再辛苦背負房貸。但是陳秀珠從阿嬤「這世人一定買一間厝」的堅持，看見她強韌的生命力，真的是比年輕人更有志氣！所以，也卯足勁幫她想辦法，最後終於請到她在工廠上班的姪子，做為連帶保證人，順利向土地銀行辦好貸款。

提到「家」這件事，羅秀英也是心有戚戚焉。

還記得九二一大地震的那天晚上，羅秀英工作結束，先是到彰化朋友家做客，回家之後沒多久就開始地震。「那時候晃得很大，我們家全倒，一個兒子背著先生、一個兒子背著孫女，趕快跑出來，對面整排房子都倒了，滿地都是碎玻璃。」

因為困苦過 更要給予幫助

從事志工多年的羅秀英，總是竭盡所能為在地居民提供協助。

在九二一震災中失去房子的她，十分無助，所幸政府推出平價住宅專案讓售計畫，「不但不需要頭期款，後面每個月貸款繳交的費用，甚至比房租還低，這個縣長真的很照顧我們！」羅秀英說，之前繳的房租還可以抵頭期款，而且代書都幫忙談好，只要去合作金庫辦理，不但她自己受惠，也熱心地告訴里民們這樣的消息。

羅秀英一直相信自助者天助。「在地震當時，房子是租的，倒塌了，帶著兩個小孩搬來搬去。現在擁有自己的房子住下來，環境比較安定，心裡也舒服多了。」

至今已擔任志工二十多年的羅秀英，現在是人稱「羅姐」的台北市嘉瀅愛心協會南投特派員。從早期的地震受災戶，到現在的經濟貧困戶，只要在南投縣境內，任何人有需求，她一接收到通報，就會親自探訪，並在核可後的最短時間內提供協助。

「在北梅社區中，曾看到有個阿伯沒錢吃飯，總是待在外面。於是我先幫忙付飯錢，後續便很快安排相關協助，」羅秀英表示，以前的她曾經困苦過，現在有能力了，當然要多多去幫助其他人。回想起多年來做志工的種種，才發覺時間過得好快。

「做善事真的有好報，我很快樂，我的兩個孩子都很好，孫子也很認真工作。」羅秀英精神奕奕地說，現在自己非常有力氣，還可以做很多事。

平價住宅 定了災民的心

談起與縣政府合作的過程，陳秀珠則認為，在辦理登記移轉或銀行貸款時，不論是舉辦說明會或是與住戶溝通協調，舉凡租金退還、公證程序作業、文件用印、簽呈等，若是沒有南投縣政府的協助，是無法順利完成的。

「記得首批申購作業，剛好在過年前完成，居民都有一等二十年終於如願的興奮感。當住戶收到縣長親自交付的土地和房屋權狀的那一刻，眼中無不含著淚水、滿懷笑容，在一旁的我也萬分感動，」陳秀珠回憶。

現在承購的居民都進入了熟齡銀髮階段，能夠讓曾經歷磨難的居民，再度相聚安居於同一社區之中，內心的感動和意義，是任何事物都無法取代的。

｜聚焦南投｜

陳正昇
大型活動的創意推手

令人驚豔的火龍表演，是他的點子……

2017 年的南投燈會，擁有 600 年歷史的重慶銅梁火龍首度登場，高溫 1,500℃的火花，炸出金星飛舞的炫麗畫面，讓現場觀眾嘖嘖稱奇、大呼過癮。自此南投燈會的火龍演出，年年吸引上萬遊客觀賞，成為經典亮點之一。

邀請重慶火龍來台演出的幕後推手，正是被幕僚稱做點子王的副縣長陳正昇，他早年就看過重慶火龍演出，認為跟年節及燈會主題接近。因緣際會下，縣府組團前往四川重慶參訪，現場觀賞火龍演出，被那火花四射的景象震懾；在雙方研議後，很快地就敲定合作交流相關事宜。

四十年縣政經驗　最佳靈感資料庫

事實上，陳正昇擁有在縣府累積近四十年的扎實資歷。他曾擔任南投縣政府文化中心主任、民政局局長、參議、祕書長等重要職務，是資深員工之一，長年參與各項縣政擘劃，隨手捻來都是靈感。

以南投世界茶業博覽會為例，2022 年已邁入第 12 屆，規模年年攀升，人潮多到場地都快擠不下，如此的超強集客力和活動規劃有莫大關聯。

茶博會自第一年舉辦開始，就引進各種茶藝文化，而這個想法便是來自陳正昇在文化中心的經驗，「我辦過四年無我茶會，培養出許多茶師，經過大家集思廣益討論，覺得茶藝可以朝精緻化目標發展。」於是，茶博會從一開始的千人茶會，衍生出千人揉茶、千人野餐、千人擂茶等活動，年年推陳出新。

大型活動舉辦過程繁瑣，又有許多需要縣長林明溱裁示的地方，團隊若遇問題，也常找陳正昇一起跟林明溱溝通。談起與林明溱的相處要訣，陳正昇說：「人跟人相處就是知心，

擁有 600 年歷史的重慶銅梁火龍，2017 年在南投燈會首度登場。

知心就好辦事。」只要了解林明溱關切的重點，彼此有互信基礎後，自然溝通無礙。

解決泳渡難題 防疫觀光雙贏

陳正昇用「心」和各界往來。談到公務生涯中最難忘的活動，他直指 2020 年的日月潭萬人泳渡活動。

疫情之故，2020 年全台大型活動紛紛停辦。日月潭萬人泳渡每年光是泳客就吸引兩萬人以上，最高紀錄曾達兩萬七千多人，辦與不辦都是難題，自然成為各界關注焦點。

取消不辦有防疫正當性，但業者會損失近七、八千萬元的觀光收入，又該怎麼辦？疫情已經造成經濟與觀光活動停滯，業者苦哈哈，就期待年度活動能為地方帶來商機與活力。

於是，在龐大壓力下，縣府擬訂詳盡的防疫計畫，採實名制報名，更想方設法從名單中排除有感染疑慮的民眾。活動當天，募集 50 位志工守在岸邊，提醒泳客們一上岸立刻戴口罩。最後，這項活動有兩萬兩千多位民眾報名，平安落幕，達到防疫與觀光雙贏的目標，更成為國內大型活動防疫的最佳典範。

談起這次經驗，陳正昇仍有種鬆了口氣的感覺，說：「縣長希望透過活動創造業者利潤，縣府團隊努力完成，對業者也盡到責任。」正因為處處為地方著想，每當大型活動需要向民間募款時，總能獲得足夠響應，陳正昇透露箇中訣竅：「平常服務態度做足，只要有誠意幫忙解決問題，大家都會感動的。」

歷代南投燈會特色

年度	特色	效益
2016 年	在集集擴大舉辦南投燈會，有土撥鼠、鄉民鹿等特色花燈	參觀人次約 294 萬，經濟規模 9 億元
2017 年	有燈會、沙雕、恐龍三大展，還有新亮點「銅梁火龍」民俗活動	參觀人次約 450 萬，經濟規模 13.5 億元
2018 年	首創埔里水上燈區，南投主燈區有火龍腰鼓、水舞、情人橋	參觀人次約 536 萬，經濟規模 33 億元
2019 年	火龍腰鼓再登場，還有浙江百葉龍與九獅圖、浪漫情人橋煙火、沙雕光影秀、昆蟲 VR 展	參觀人次約 510 萬，經濟規模 32.3 億元
2020 年	首次無人機結合高空煙火秀、燈海、水舞，水陸空三區並進	參觀人次約 239 萬，經濟規模 7.4 億元
2021 年	不畏疫情影響，順利舉辦燈會。知名藝術家范承宗以南投天然竹材及繩圈，製作水上藝術副燈「竹心·築心」	參觀人次約 99 萬，經濟規模 4.5 億元
2022 年	無人機秀「卡娜赫拉小動物」結合煙火秀、水舞。首創智慧互動燈區	參觀人次約 303 萬，經濟規模 10.8 億元

柳家梅園

第五章

呵護健康　偏鄉不偏

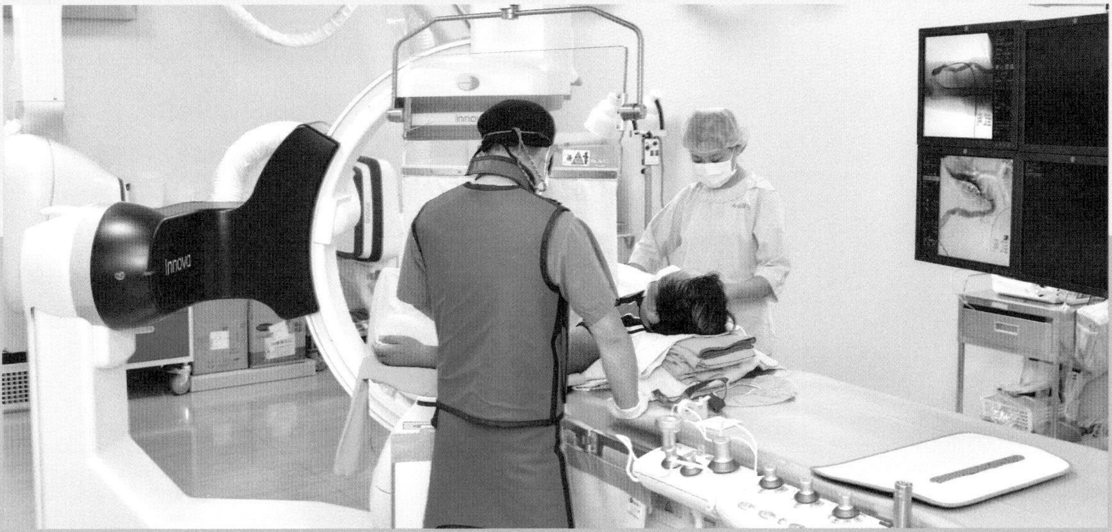

門諾醫院創辦人薄柔纜醫師，有一次前往美國受獎，致詞時談起在台灣從事的醫療服務工作時，感慨地說：「台灣的醫師到花蓮很遠，到美國卻很近……」這句話，點出了台灣偏鄉缺乏醫師的困擾。

的確，在台灣一日生活圈早已實現的狀況下，有許多居住在深山偏鄉的長輩或部落居民，卻必須花上半天甚至一天的時間，往來住家及醫療院所之間，才能滿足需求。

然而，還是有一群人，即使翻山越嶺、路途漫漫，才會到達南投縣的每個鄉鎮，依然全心全力投入，細心關懷每位居民。

而他們古道熱腸的心意，更是感動了鄉親們，從不願就診到主動和這群人交流，甚至給予最大信任，形成最溫暖、良善的正循環。

南投醫院

大手拉小手，織就綿密照護網

一群溫暖的人，懷有無比的使命感和熱忱，在南投偏鄉編織出綿密又強韌的醫療網。因為，他們始終放不下在地純樸又善良的居民……

「嗨，您們好！」迎面而來的親切招呼聲，是衛生福利部南投醫院院長洪弘昌，有著草根氣質的他，是位土生土長的南投草屯人，他與南投醫院的緣分不淺，早在一九九八年就從台北榮總回鄉擔任內科主治醫師，後來先後派調至嘉義朴子醫院、台中醫院擔任副院長，二〇一四年再度回到南投醫院擔任院長。

每天早上，洪弘昌如果有空，就會上上下下巡視醫院，尤其二〇二〇年 COVID-19 疫情爆發時，醫院除了依衛福部指示在院外設置集中檢疫所，也開始收治確診病人，連帶著影響民眾前來就醫的意願。

洪弘昌說：「當時南投醫院剛升級為區域教學醫院，病人的不理解對我們打擊很大，但這是公醫的使命，所幸確診者在醫護人員細心照顧下慢慢好轉，甚至有確診孕婦順利生產，很感動。」

回想剛來時，南投醫院人力、設備、品質與醫療模式樣樣不足，鄉親不願意踏入診間，面臨極大的經營挑戰。

洪弘昌直言：「當時南投醫院簡直就是轉診中心，小孩半夜發燒、車禍急重症病人，甚至中風、心肌梗塞的患者，都因為我們人力設備不足，無法處理，只能轉診。」缺乏專業分科醫師，急診醫師、住院醫師幾乎都同一批人，壓力很大，更擔心轉診病人會因此錯失黃金搶救時間。

改變
就從提升人力開始

面對偏鄉醫療的不足與需求，南投縣政府和南投醫院合作，申請衛福部的醫學中心支援計畫，包括台大、三總、台中榮總、中山附醫、馬偕、萬芳等醫院，陸續派人到南投醫院支援，有了新血加入，也為本地醫師帶來新氣象。

「你知道嗎？現在公費醫師到南投醫院後，有百分之八十都會留下來，因為我們提供了很好的生涯規畫和福利，」洪弘昌為了吸引人才留在南投醫院，提供比周邊縣市更優渥的薪資，並與大學合作，讓醫師取得教職，給予教學研究的機會，能不斷精進成長。

不只是醫師，洪弘昌認為基層的照服人員更是重要。「照服、

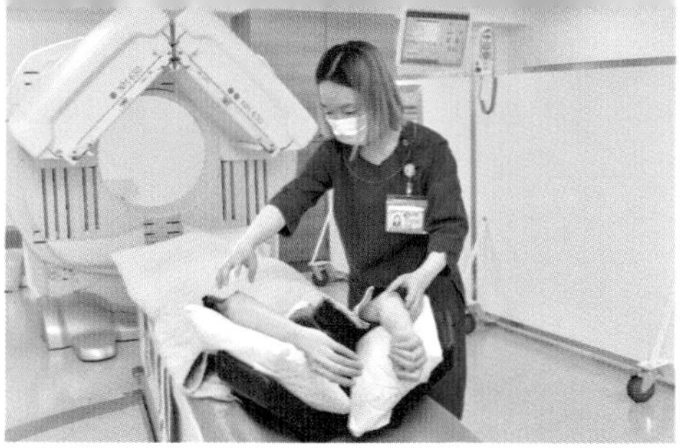

近年來，南投醫院逐步添購設備，以充實醫學量能。

南投醫院院長洪弘昌（左四）帶領一群充滿熱忱的醫療夥伴，為在地居民提供完善的照護。

護理和醫師是環環相扣的，尤其人口老化後，照服人力如果可以穩定，便能減少後端護理人員、醫師的壓力跟負擔。」

因此，南投醫院和南投五育高中合作，推出「三加四」專案，除了高中三年的照顧服務科課程外，每週兩天也提供學生到中台科技大學上課，加強照服人才的培育。洪弘昌說：「這些照服員一方面在南投醫院工作，一方面可以念大學進修，尤其其中很多都是原住民或隔代教養的弱勢族群，某方面也可以解決社會和經濟問題。」

與醫療在地化目標再靠近一點

人才留下來了，設備也必須同時提升。

洪弘昌回憶，早期有位中寮鄉患者，因心肌梗塞在田間倒下，送到南投醫院大約二十分鐘，進行初步處置後，再送到中山醫學大學附設醫院（簡稱中山附醫）只需二十分鐘。「當時，南投醫院未有心導管中心，便和中山大學合作，建置轉院『綠色隧道』讓病人快速轉診，就是希望避免這種緊急狀況發生。」

南投縣政府協助向中央提出申請，目前南投醫院已建置心導管中心，還優化許多新設備，「如今這種狀況發生不用再轉診，甚至逐步引進肺復原中心、低能量靜脈雷射治療室（ILIB）及體外加強搏衝治療室（EECP）等新型檢查治療設備，提供多元完善的醫療服務，這也要感謝許多地方主管機關的協助，」洪弘昌說。

如今，人力、設備一一到位，南投醫院已編制二十二個次專科，醫學量能更加完備，成為目前縣內服務量能最大的公立醫院。

洪弘昌強調，早期南投醫院接受其他縣市大型醫院支援，現在有能力也會盡力幫忙，像是草屯的曾漢棋綜合醫院、草屯療養院等，也支援許多偏鄉山區醫療及衛生所。

二〇二〇年南投醫院獲得區域醫院評鑑，升格為區域教學醫院。洪弘昌驕傲的表示：「升格對南投醫院來說是一種肯定與認同，也因為有了教學認證，我們可以訓練更多專科護理師、醫事人員，讓醫療在地化做得更好。」

發揮整合的力量

台灣醫院競爭激烈，許多區域醫院的終極目標，都希望成為醫學中心。洪弘昌認為，南投周邊不乏醫學中心，再成立也會有資源分配不均的問題。因此，他從整合角度出發，希望與在地區域醫院相互補足與支援，落實在地醫療，滿足患者需求，願意留下來。

「譬如特殊專科像眼科，醫師現在哪個醫院值班，就將患者送過去，不用每個醫院都要有眼科醫師值班，」洪弘昌分析，此外，像是人力最吃緊、最辛苦的婦兒科，南投醫院目前已有四位婦產科醫師，其中兩位是女性專科醫師，產房配備及醫療團隊相對完整，可以提供南投縣二十四小時的生產跟婦科手術，民眾不用擔心小孩半夜發燒出狀況，得要跑到外縣市。

在擴充醫院量能的同時，洪弘昌並沒有忘記公立醫院的精神與價值。他認為，公醫的理念就是要照顧到每一位民眾，曾有位草屯鄉親，因為車禍造成胸骨、肋骨骨折，甚至刺到肺部裡，必須緊急開刀治療。患者先到彰化某家私立醫院，但開刀用的鈦合金鋼板一個就要自費八萬塊，裝十二支費用將近百萬元。「他焦急地打電話給我，我說你趕快回來開刀，不然會有危險，我們一樣放了十二根，只花不到五十萬。」

正是因為這份使命感與熱忱溫暖，讓南投醫院成為在地居民信任依賴的醫療夥伴，洪弘昌也希望持續擴大整合的力量，從基層醫院、區域醫院，甚至到醫學中心，補足技術與人才，形成良善循環，提供最妥善立即的醫療照顧。

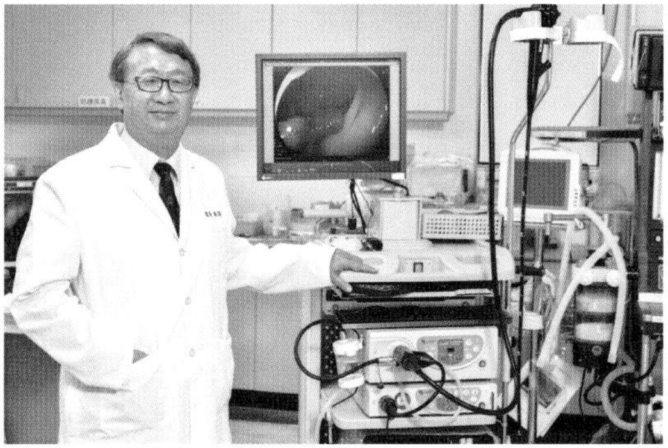

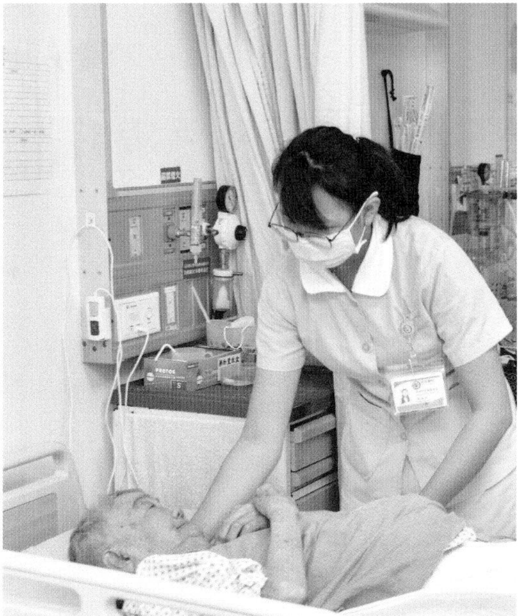

對於南投醫院院長洪弘昌（上）來說，為了在南投建構醫療照護網，設備和人力都必須一應俱全。

衛生所

走在原鄉醫療服務的路上

南投深山林間的原住民鄉鎮，生活步調靜謐宜人，但想獲得醫療服務也相對不易。所幸，在許多人的協助下，文化健康站陸續成立，讓部落鄉親的健康更有保障。

八月的赤陽，照耀著往信義鄉的蜿蜒山路，風塵僕僕來到信義鄉衛生所，一樓大廳人聲鼎沸，老人長輩們井然有序地排隊等候打疫苗。這裡和印象中的衛生所很不一樣，裡面有急診室、洗腎室、復健設備以及多項的檢查室，就像一座小型的區域醫院。

信義鄉衛生所主任史皓偉說：「我們醫療人員除了醫師、護理人員外，還有放射師、藥師、醫檢師、復健師等，編制共二十七位，人力算是很充足，麻雀雖小、五臟俱全。」

信義鄉人口約一萬多人，只有八間診所，距離最近的醫院在竹山鎮，車程要四十分鐘以上，遇到天災對外交通彷彿斷線；不過隨

南投縣信義鄉衛生所主任史皓偉致力於偏鄉病患的管理與居家照護。

把醫學專業帶進原鄉

著偏鄉醫療受重視，信義鄉衛生所近年增添許多醫療設備，配合IDS醫療計畫增設多達十項的專科診療，並致力於慢性疾病照護管理與居家整合醫療照護。

布農族出身的史皓偉，從小在信義鄉羅娜村長大，二〇一一年返鄉服務，在他的規劃下逐一添購完成胃鏡和腹部超音波，讓居民不必再長途跋涉到大醫院做檢查，能搶在第一時間做出正確的診斷及治療。史皓偉說：「我剛到這裡的時候，發現醫療器材和其他地區比起來，算是滿完善的，且只要提出需求申請，南投縣政府都很願意提供協助。」

史皓偉之所以投入醫療行列，與母親有密切關係。從小他就看著父親帶著體弱的母親四處奔波求醫，後來母親因腦癌過世，雖然走時安詳，但他內心總有缺憾，後來在家人引領期盼下考上公費醫師，開啟偏鄉醫療之路。

起初，史皓偉對外科比較感興趣，不過為了日後返鄉，只好轉向內科。加上在中山附醫接受醫學養成訓練時遇上好老師，老師建議他若要回鄉貢獻，就要多學一點，因為鄉下醫療挑戰更大。

「既然要回鄉服務，就要把醫學專業帶回來，即使是衛生所，也希望讓居民享受到如醫學中心等級的看診服務，」史皓偉說，不過在這之前，他從小對衛生所印象和一般人一樣，「只有護士阿姨，會打預防針。」

秉持這樣的理念，史皓偉一投入衛生所的工作之後，便大刀闊

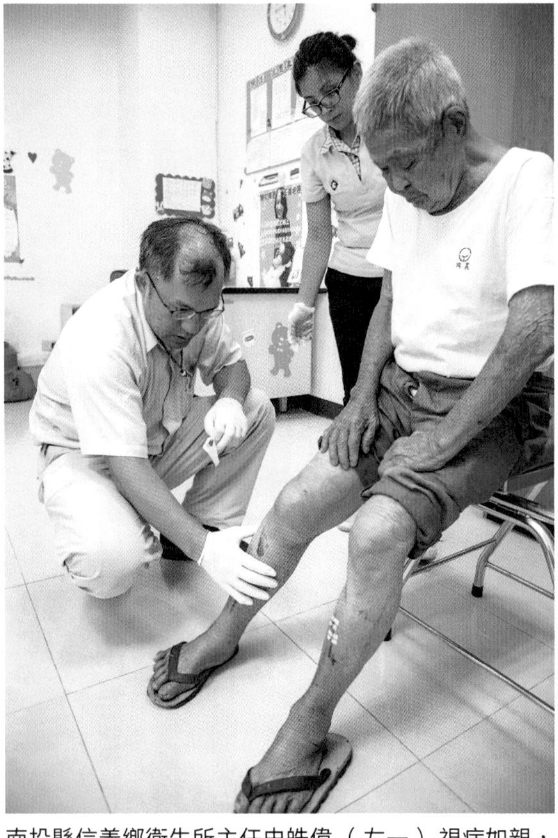

南投縣信義鄉衛生所主任史皓偉（左一）視病如親，經常關心居民的健康問題。

斧增加設備。「這台超音波花了一百五十萬元，雖然無法和醫學中心相比，但解析度已經夠用了，」史皓偉認為，偏鄉衛生所身兼醫療和公衛的任務，能夠幫助後送醫院做好第一時間的正確診斷，即是減少延誤治療的關鍵及減少鄉民就醫的舟車勞頓。

肝膽腸胃內科是史皓偉的專長，剛回鄉時他就發現，很多老人家因關節痛常吃止痛藥造成胃腸不適，或年輕人因飲酒而腸胃不舒服，常等到已大量出血才肯就醫。他說：「我整理鄉內死亡原因統計資料，發現有不少因消化道出血到休克的死亡案例。」有鑑於此，他在二〇一六年向南投縣政府衛生局申請添購胃鏡，花了三百多萬元，讓居民可直接在衛生所進行胃部與食道檢查，提高信義鄉醫療品質及降低死亡率。

譬如二〇二〇年，史皓偉就用胃鏡檢查出一位差點以為是感冒的食道癌病人。當時患者出現胸部痛悶及咳嗽症狀，詳細問診後認為可能是食道問題，但民眾不以為意，便進一步說服民眾直接做胃鏡檢查，發現食道裡有顆十公分左右的腫瘤，民眾才願意轉診到大醫院進行檢查與治療。

事先預防
照顧你的小心肝

除了胃病之外，在原住民十大死亡疾病中，肺結核、慢性肝病與肝癌皆名列其中。史皓偉就任時發現，偏鄉每十萬人罹患肺結核的比例超過兩百五十位；二〇一九年雖有下降，但仍高於全台比例，依他觀察，主因為對疾病的不認識而延緩就醫，以及居住環境擁擠，易相互感染。

回憶剛返鄉時，同學和其弟因B型肝炎就診，但同學弟弟為時已晚，腹部超音波檢查發現肝腫瘤已超過五公分，半年後不久就癌逝。「為降低因B型和C型肝炎造成的肝硬化及肝癌比例，信義鄉衛生所做大量篩檢，讓有B型和C型肝炎的病患不用再跑大醫院，可在衛生所治療及定期追蹤，」史皓偉也推動家庭照護管理，讓醫護皆投入居家照護，透過個案追蹤，提醒病人定期回診。現在衛生所開始做個案管理，包括高血壓、高膽固醇、高血脂肪和糖尿病，以家庭為單位，讓全家能得到完整照護。

史皓偉「視病如親」的理念，從看診態度可窺一二，尤其是偏鄉長輩居多，病人平均年齡落在六十五歲到八十多歲，從詢問病史、找原因、分析到下診斷，他不但直接族語溝通，也會耐心梳理病史並說明，幫助患者了解病情。

返鄉服務十年多，史皓偉不斷提升信義鄉的醫療品質，近年來信義鄉衛生所榮獲高齡友善環境照護的金所獎肯定，讓南投信義鄉的老人長輩們在醫療照護上更有依靠。

讓黃金部落再度閃亮

完善的醫療服務照顧身體，更重要的是事前預防，尤其是偏鄉長者獨居者眾，得拉著他們走出來，才能看見問題，並提早解決。

離開信義鄉衛生所後，一群人轉進南投縣仁愛鄉，濁水溪的水聲迴盪山壁間；大山裡，嬌小活躍的繡眼畫眉鳥獨特的「西、

在莎都教會文化健康站外廣場，被暱稱為TRUKU寶貝的部落長輩們，正努力以母語練唱著古調。

西」嗚聲在林間迴盪；走入部落，老人以滄桑嗓音吟唱的古調盪人心神。我們來到了德鹿谷村（TRUKU）。

村長卓上龍熱情接待，他是土生土長的賽德克族人，職業軍人退役後返鄉務農，結合農友成立蔬菜共同經營班，與專做蔬菜麵條的五木拉麵公司，以類似契作概念，用生產的菠菜製作菠菜拉麵。

九二一地震後，卓上龍面對家鄉災後被破壞的狼藉不堪，決定前往埔里基督教醫院應徵社工員，從此踏上社工之路，協助災後的弱勢團體與受災戶，進行居家服務與送餐。當時服務的地點是仁愛鄉，負責春陽—德鹿谷線，卓上龍說：「投入社工工作後，我對自己的部落產生了跳躍式的認知，那是我最大的收穫。」

從社工開始，並在鄉公所及縣府服務後，卓上龍才回部落參選村長，他說：「我對家鄉的未來有願景與藍圖，希望能營造出部落特色，也想為部落爭取資源，實現對部落長輩的照顧。」

文健站領頭 長輩動起來

德鹿谷村的部落人口約八百位，長輩約占一百五十人到一百六十人，孩子大多在外地工作，他們每天在家「被電視看」，種種菜、曬曬太陽，在部落裡屬於存在價值感低落的一群。卓上龍想扭轉這個現象。

根據以前曾在南投縣政府服務的經驗，卓上龍知道每個部落都可以申請「文化健康站」。於是他一確認當選後，白天謝票，晚上抱著筆電寫計畫書，短短五天內完成並親自遞交到原民局，隔年縣政府核定計畫書，德鹿谷村的文化健康站正式啟動。

位於莎都教會裡的文化健康站，工作項目包括交通車接送、供餐、課程、行政、電腦文書、量能服務等等。萬事起頭難，最難的是找到合適的照顧服務員。

卓上龍說：「照服員必須十八般武藝精通，舉凡開車、煮飯、教學、行政、電腦操作等都要上手。」他鎖定曾經在外部歷練，尤其做過行政、會電腦且觀念正確的人才，最後皇天不負苦心人，如願聘請到兩位符合條件的照服員。

文健站剛啟動，兩位照服員每天要服務二十到二十九位長輩。早上在站內帶活動，下午還要做電話問安或居家服務。現在還有最新的量能服務——針對衛生所評估列為二或三級者，午後提供居家打掃、陪伴就醫、外出採購等服務。

最期待去的地方

文健站成立之初，卓上龍根本沒有想到文健站會大受長輩歡迎，成為「期待來的地方」，如今只要看時間一到，長輩們就會穿上原住民傳統背心，主動來到文健站，如果遇節慶或有長官訪視，工作人員還會提醒長輩：「要記得帶頭飾喔！」

之所以如此，卓上龍觀察，或許是因為文健站提供充實的活動與課程，譬如帶著長者參與部落美化工作，他發現「動手做」會提

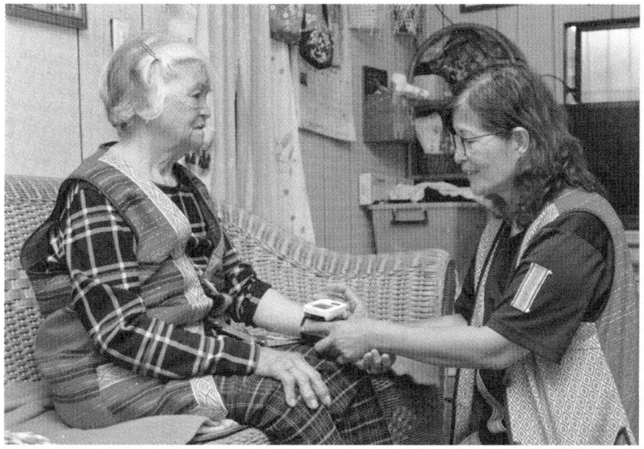

德鹿谷村啟動「文化健康站」，招聘照服員，為長輩提供居家服務。

升長者自我價值感，「以前老人家走在馬路上都是手搭背後低頭前行，現在會抬頭挺胸，關切親手種植的綠化植栽，還會叮嚀小朋友要好好愛護。」

此外，卓上龍也嘗試把長輩日常點滴放上Facebook、Instagram等社群媒體，讓在外就學、工作的子弟看見阿公阿嬤唱歌、做健康操、種花，生活過得多采多姿，可以安心在外打拚。

除了對長輩的服務，卓上龍也貼心地注意到應該適時協助照服員獲取新知與技能，「南投縣政府提供許多幫忙，譬如衛生局會指導長輩使用的餐點應該如何烹調；原民局或專管中心則提供許多訊息，讓業務上更加順利推行。」

文健站重視文化傳承，並藉此創新。卓上龍以「苧麻老幼共學」為理念，將古早常用的編織原料苧麻，從種植、成長、割除、去皮、染色，一直到製作衣服的過程，在長輩協助下完整建立SOP。

祖靈找到回家路

另一項重要的文化傳承就是從過去的仁愛鄉合作村，正名為德鹿谷村（賽德克語：alang Truku），卓上龍說：「不只改名，包括學校、橋梁及住址都還原成完整的部落名稱，加上巷、號。」以後只要看地址就知道居民是來自哪個部落，在「正名揭牌儀式」上，卓上龍更語帶哽咽地說：「祖靈從此不會再找不到路回家！」

過去，部落主要的經濟來源是農作。卓上龍推動「部落深度旅

德鹿谷村村長卓上龍希望能活化部落、導入外界資源，進而讓更多人認識德鹿谷的美。

遊」，與旅行社合作，以一日遊、半日遊行程，安排部落巡禮、歡迎儀式、賽德克族服飾體驗，以及部落長輩跨刀的「古調吟唱」，再逛逛農特產市集，讓更多人認識賽德克族的文化與傳統。

卓上龍說，部落有七個景點，包括德鹿灣吊橋及峽谷美景、人頭石及坡坎壁畫、生態步道涼亭、德鹿谷瀑布、奔哈論（深掘事件）瀑布、西西靈鳥巨石、濁水溪上游遊憩區暨黃金步道採砂金體驗區等。其中，「西西靈鳥」為泰雅、賽德克、太魯閣三族共同神話，「西西靈鳥巨石」則是鳥類選鳥王，西西靈鳥脫穎而出成為鳥王的神話故事。

卓上龍說：「德鹿谷村又叫『黃金部落』，傳說以前部落祖輩就在河畔、山坡吊橋淘金，在一九三一年至一九五一年間，村民都用沙金換取民生用品。因此，我們推薦一個黃金步道，讓遊客體驗淘金。」卓上龍甚至帶頭把景點的背景故事整理出來，既可活化部落、導入外界資源，又能增加經濟收益，提供年輕人進行「導覽解說」的工作機會，成為宣傳推廣部落文化的主力，也把德鹿谷的美好讓外界知道。

午後，採訪進入尾聲，我們看見莎都教會文健站外廣場，被暱稱為TRUKU寶貝的部落長輩們，正為了與國小小朋友的共學課程進行兩週的母語教唱和古調吟唱，一遍遍的努力練唱，讓人深深相信這山村裡的美好歌聲，將世世代代、步履不停地傳唱。

長照計畫

銀髮族的需求，我們聽到了

身體就像機器，一上了年紀難免這裡痛那裡不舒服，有了專科門診的照顧與服務，在地居民不用大老遠進市區，就能獲得分科專業服務。

九月初秋的金陽閃著燦光，埔里基督教醫院（簡稱埔基）中傳出悠揚聖歌，讓正在心臟血管中心看診的長者，心情頓時放鬆不少。這是南投第一座心臟血管中心，於二〇一一年成立，二〇一九年更進一步啟動二十四小時的心導管服務，可說是一大創舉。

埔里基督教醫院院長蘇世強回憶，二〇一九年有一位服務於日月潭的派出所同仁，下班途經桃米社區附近突然不舒服，被送到埔基。「我們馬上為他做導管通血管，後來平安出院。如果沒有二十四小時心導管服務的醫療設備，爭取黃金搶救時刻，一旦發生心肌梗塞，後果不堪設想。」

埔里基督教醫院院長蘇世強（左三）和團隊長年投入偏鄉山地醫療和社區經營，為大埔里地區建構起完善的醫療網絡。

長照據點 照顧銀髮族

除了二十四小時心導管服務，自從九二一地震之後，年輕人口外移，埔基便投入長照服務，在大埔里地區設立長照站與失智據點多達三十間。蘇世強表示：「主要是政府十分支持，廖志城鎮長甚至希望每一個里都設據點，我們盡量努力拓點。長照是由衛政跟社政兩個部門負責，衛政由衛生局主導，社政就是社勞處，兩邊對埔基醫院都很幫忙。」

在埔基的長照規劃上，醫院旗下的愚人之友基金會也扮演重要角色。長輩白天來到各大據點，彼此認識、聊天，參與共學共餐等活動，可充實生活延緩老化。蘇世強說：「我們把據點、長照機構與醫療做聯結，一旦長輩有就醫及住院需求時可立即把資料串連起來，即時掌握他們的健康狀況。」

幫眼科醫師
找到神隊友

醫院的工作人員也會定期拜訪山區居民，關心生活起居。「記得有一年冬天，照服員到翠峰附近送餐，發現有些人家裡連熱水都沒有，平常洗澡都是在溪邊，在那麼冷的天氣洗冷水澡很容易引發心肌梗塞，十分需要協助，」蘇世強表示，遇到這種需要支援的個案，會對外公布，讓善心人士協助或捐款，有錢出錢有力出力，「深入社區後，我們發現很多人需要幫忙，如果只是待在醫院，永遠不會知道這些事。」

長年投入偏鄉山地醫療和社區經營，埔基為大埔里地區建構起完善的醫療網絡，蘇世強有感而發地說：「埔基創辦人挪威宣教士夫婦，很年輕就來到台灣，一待就是四、五十年，深受埔里人的敬愛，所以尊稱他們為『阿公、阿嬤』。二〇〇六年他們將畢生積蓄都捐給醫院，離開時只帶著兩個行李箱！我們必須時時牢記醫院設立時的初衷，再怎麼苦，這條路也要堅持走下去。」

如果說，心血管疾病來得又急又快，影響存活率；那麼眼睛問題就是緩慢而不自覺，卻深刻干擾患者日常生活的疾病。

亞洲大學附設醫院眼科主治醫師蘇振文是南投縣政府偏鄉眼科醫療門診的其中一位眼科醫師，他說：「接到這項工作時，本來覺得衛生所設備應該不齊全，沒想到一到這裡，眼科器材一應俱全，而且品質優異，可見所費不貲。」

蘇振文表示：「中寮、國姓、鹿谷、魚池等鄉鎮沒有眼科診

亞洲大學附設醫院眼科主治醫師蘇振文定期會到南投縣，進行偏鄉眼科醫療門診服務。

所，長者居民比例高，孩子多在外縣市工作，如果身體不舒服，就得等家人晚上回來才能去看病。遑論『僅是』眼睛不舒服，長輩為此就得舟車勞頓到隔壁市鎮就醫。」自從啟動眼科醫療服務後，解決長輩和行動不便者交通往返的困境。過去得花一整天時間，至少轉兩班公車才能抵達市中心看醫生，現在只要就近到衛生所看診就可以了。

此外，眼睛構造微小細緻，須透過精密檢查才能提早發現病兆，對症下藥，除了硬體設備，衛生局也請眼鏡行驗光師幫忙做驗光，對當地民眾來說幫助很大。

讓偏鄉居民的眼睛亮起來

蘇振文回憶，剛開始駐點看診，病人不多，但口耳相傳，如今居民已漸漸習慣每個月到衛生所報到。而眼科醫師除了治療常見的乾眼症和結膜炎，更重要的是及早發

有好牙
才能好吃好動

現不可逆的眼疾，並協助轉診至大型醫院治療，避免就醫延誤的遺憾。舉例來說，青光眼需要長時間治療才能穩定，如果沒有及早發現，拖久了會導致失明。

每次從台中到南投中寮，來回開車得花上快兩小時的時間，長途跋涉難免也會疲憊，問起讓蘇振文堅持下去的是什麼？他笑說：「看到病人妥善地得到治療，自己被病人需要，醫師的能力可以幫助患者，這種成就與價值感，最令人開心。」

眼睛是靈魂之窗，影響著長輩的日常生活，但若想真正迎接快樂的銀髮族生活，擁有一口好牙也很重要。隨著年齡老化，牙齒損壞，假牙便是一個可以幫助長輩重建美好生活的重要角色。

中臺科技大學醫療暨健康產業管理系副教授洪錦墩表示：「假牙的後端是牙齦，牙齦好就不容易生病，有一副堪用的牙齒，吃得下東西，有充分的營養，體力和抵抗力都會比較好，假牙的政策可貴就在這裡！」此外，美觀也是假牙重要的附加價值。當有缺牙，會覺得害羞不敢跟人接觸，社交上愈是退縮，就更容易孤獨、失意，甚至憂鬱，所以牙齒和人的身心健康有很密切的關係。

洪錦墩長期負責「南投縣假牙服務滿意度調查」，他說：「南投算是很早就開始做假牙裝置補助的縣市，而且一直持續在做，這幾年比較特別，早期的假牙是針對中低收入，但這幾年擴大到給一般用戶，六十五歲老人就可以申請。」

提供專業建議 強化政策

根據二〇一九年「南投縣假牙服務滿意度調查」，其補助總人數三百三十九人，支出經費逾九百三十七萬元，人數與補助經費創下歷年新高。除了擴增到全縣六十五歲以上高齡長者外，也因為南投縣原住民人口比例很高，一般原住民五十五歲後就可申請。

在主持調查長達八年的過程中，最令洪錦墩印象深刻的是社工的敬業態度。調查需要親自登門探訪，而非只透過電訪或網路發送、回收即可。「當初特別拜託社工去做訪談。南投幅員廣大，有的使用者住在山區部落。社工們花了很多精神利用下班時間，如實完成問卷，非常感謝他們的協助。」

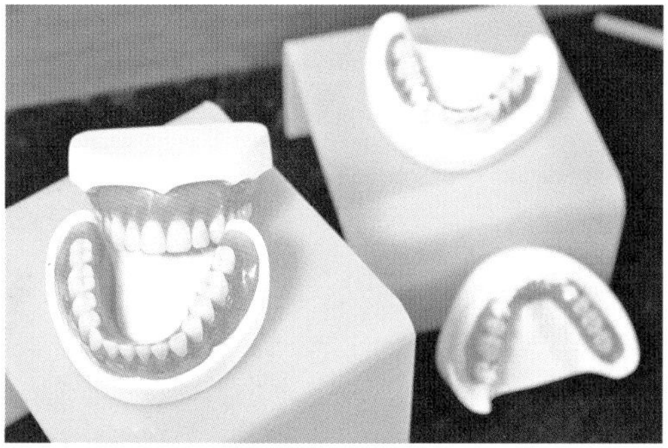

中臺科技大學醫療暨健康產業管理系副教授洪錦墩長期負責「假牙服務滿意度調查」，經常關懷長者的口腔健康。

而滿意度調查的目的，則是做為政策改進的依據。譬如，有個案做完假牙後，只戴了幾天就很少再用，有的是因為假牙不合嘴之故，可能是一開始沒有調校妥當，或是戴了一陣子沒戴之後，口腔變形，很難再戴進去。洪錦墩說：「這時我們會建議縣政府編列費用，如果隔一、兩年假牙需要重新調整，也可以補助費用。」此外，假牙清潔是維持良好狀態的重要因素，不過有些民眾會捨不得買假牙清潔劑，就容易滋生細菌，造成損害，洪錦墩會把類似的狀況總結，做為縣政府提升服務品質的建議。

洪錦墩也觀察到，這幾年申請假牙補助的地區以南投市居多。而大部分中低收入者因為少看電視、報紙和上網，造成資訊落差，可透過社工訪視或者看牙時由牙醫師告知提醒。從此項調查統計亦可得知，民眾對假牙補助政策的滿意者超過百分之八十六以上，可見，政策目標正確，只是之後如何讓更多長者提出申請補助需求，將是未來持續努力的目標。

從無到有 助力不斷

台中榮民總醫院埔里分院（簡稱埔榮分院）復健病房外，設立了十分有趣的門牌，叫做「埔榮鎮復健成功路」，沿著病房長廊前行，溫暖的台灣味自然流露，翻轉白牆醫院的冰冷印象。這是為了讓復健病人早日康復，所做的貼心設計，讓他們能在熟悉環境中感受家的溫暖。

這份溫暖也蔓延到魚池鄉。二〇一九年五月七日魚池鄉物理治

台中榮民總醫院埔里分院院長徐慰慈（左六）和團隊耗時四年，逐漸在此建構出完整的復健照護服務。

療所正式啟動，給當地居民捎來好消息，「不只節省時間，還有安全的顧慮考量，以往有些人會騎摩托車到醫院做復健，現在他們可以『在地』做復健，」台中榮民總醫院埔里分院院長徐慰慈表示。

近年來，隨著高齡化社會來臨，復健需求日益提高，從門診到復健病房，長照的日間照護，包括社區推廣延緩失智失能的活動，以及醫院和護理之家等都有復健的需求。大埔里周邊地區包括總人口高達十二萬至十三萬人，高齡者所占比高，但醫療資源主要集中在埔里鎮，徐慰慈說：「就我所了解，國姓、魚池、仁愛等鄉鎮都沒有診所或醫院提供復健服務。」

從交通距離來看，埔榮分院到魚池及國姓仍有距離，對病患而言，一週一至兩次的復健，每次都

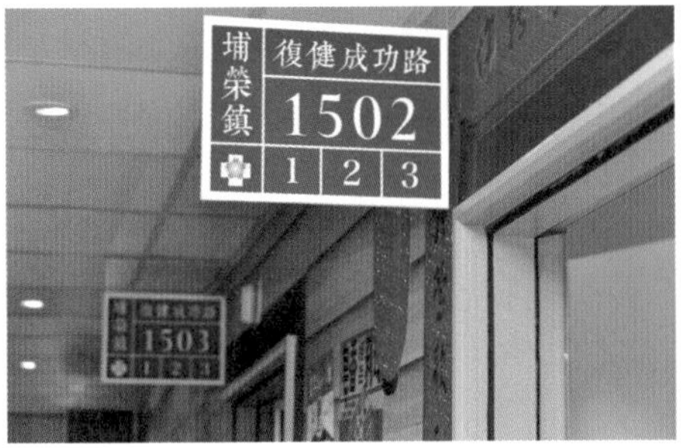

台中榮民總醫院埔里分院復健病房外，設立「埔榮鎮復健成功路」門牌，希望能讓病人在復健過程中感受到趣味與溫暖。

要大老遠跑到埔榮分院，做半個多小時後回家，耗費不少時間和心力。二〇一九年南投縣衛生局在魚池鄉成立物理治療所，為高齡年長者帶來了莫大的幫助。

徐慰慈分享，曾經有一位八十多歲的門診病人，因為心臟不好不敢換人工關節，但膝蓋退化性關節炎很嚴重，每次都搭公車來埔榮復健，上下公車時負擔很大，很容易跌倒。魚池鄉成立物理治療所後就方便許多，只要騎電動摩托車三、五分鐘就到了。「雖然說退化性關節炎是老年人的慢性病，無法根治，但是透過復健過程會讓他感覺舒緩，生活獲得很大的幫助。」

回想起設立物理治療所點滴，徐慰慈表示，當初衛生局建議在魚池設置時，他就很擔心土地、資金和人力的問題，因為要有「建物」外，還要有合適的空間才能承辦物理治療所的業務。

徐慰慈說：「除了找到合適地點，合理的價格租金也是成功與否的關鍵。很感謝衛生局很幫忙。」不管挑選場所，或者與魚池衛生所協調，計算租金、法規面的規範，以及空間和設備等，甚至到最後的現場履勘、執照申請等，衛生局在這七、八個月的過程中給予相當多的協助。

事實上並非只有「場地」即可，物理治療所要有復健師，還需要醫師開立處方箋才能進行。在各方面考量下，最終以巡迴醫療模式定案，由埔榮分院每週派一位醫師到物理治療所做巡迴醫療，並直接開立處方箋，讓病人拿著處方箋到物理治療所進行復健，這趟從「無」到「有」的歷程，讓就醫的高齡長者復健之路更加順暢。

目前，魚池鄉物理治療所有一位固定的復健治療師，提供除了復健科以外的服務，譬如社區醫學科設計延緩社區民眾失能和失智的活動。徐慰慈說：「民眾都很喜歡，因為一個人在家無聊，去那裡可以結交朋友，學習新事物，還提供便當，感覺自己變年輕了，至少比待在家裡看電視好。」

期待強化偏鄉醫療之路

強化偏鄉醫療之路上最大的難題是人才招募，隨著徐慰慈及其團隊的努力，近四年來，復健設備的汰舊換新金額高達一千零二十八萬元，投注的人力和成本很大；復健科治療師的數量也大幅成長至目前的十七位。此外，徐慰慈和其團隊提出因應策略，透過提高薪資、規劃各項獎金、福利，如提供宿舍等做法來吸引更多的復健師加入。

由於人口老化速度快，長照需求也日益增高，埔榮分院興建一棟兩百床全新的長照大樓。徐慰慈說：「埔榮分院希望從急、重症病房開始，到復健病房（亞急性病房），然後到一般的護理之家、日照中心，甚至安寧病房，強調一條龍服務，定義為『醫養合一』的醫療單位。」而二十年來往返於台中、埔里，都會與偏鄉的雙城生活，讓徐慰慈樂在其中，更完善的醫療服務，也讓好山好水的埔里，成為安養樂居的好去處。

南投縣政府放寬假牙補助，希望
讓老人家都能吃出健康。

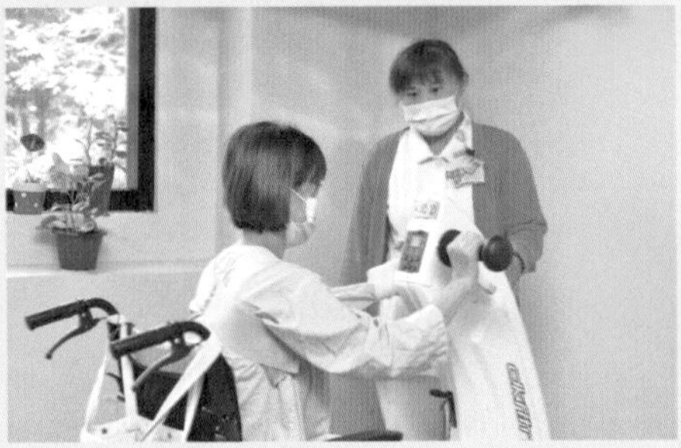

南投縣政府申請「醫中計畫」，支援台中榮
民總醫院埔里分院等五家醫院的醫療資源。

| 聚焦南投 |

高齡者的福音
打造偏鄉醫療服務＆老人裝置假牙補助

項目	內容
老人裝置假牙補助	2017 年 1 月 1 日起開辦「南投縣政府老人裝置假牙補助實施計畫」，除法定中低收入戶身分外，開放一般戶申請，至今補助經費達 1 億 7 千萬元，共有 6,521 人受惠
醫中計畫， 提供緊急醫療服務	申請衛生福利部補助辦理「109 年至 112 年醫學中心或重度級急救責任醫院支援離島及醫療資源不足地區緊急醫療照護服務獎勵計畫」，共核准支援南投縣 28 位專科醫師，分別支援南投醫院 6 位、竹山秀傳醫院 6 位、佑民醫院 6 位、埔里基督教醫院 6 位與台中榮民總醫院埔里分院 4 位，提升急重症治療與照護能力，降低急診轉診率減少民眾轉診風險
偏鄉眼科醫療服務	南投縣有 6 個無眼科偏鄉（集集鎮、名間鄉、鹿谷鄉、中寮鄉、魚池鄉、國姓鄉），縣府聘請眼科專科醫師於衛生所開辦「眼科醫療門診」
媒合醫療院所進駐 開設物理治療所	針對老年人口比例最高的魚池、國姓、中寮等 3 鄉，尋求醫療院所合作，就近在當地衛生所開辦物理治療所。2019 年開辦全國第一處的埔榮魚池物理治療所後，2021 年於國姓鄉衛生所再開設埔基物理治療所，每月前往就診的長輩都超過 800 人次，方便長者就醫

南投 139 縣道

第六章

快樂學習 一起長大

英國著名社會學家，同時也是教育家赫伯特．史賓塞（Herbert Spencer）曾說：「教育是讓孩子成為快樂自信的人，教育的手段和方法也應該是快樂的。就像一根吸管，這頭吸進去如果是苦澀的汁水，另一端流出來的絕不會是甘甜的蜜汁。」

在這裡，雙薪家庭的父母可以安心上班，因為他們的寶寶在托育資源中心內，可以受到最妥善的照顧；弟弟每天上學都好開心，一回家就分享在社團玩了哪些積木遊戲；姊姊特別喜歡圖書館，因為有好多書可以看。

非營利幼兒園

讓爸媽安心上班

許多夫妻因為教養問題，導致不敢有生小孩的計畫。但在這裡，有一群人默默打造快樂教育園地，希望讓爸媽無後顧之憂，安心撫育下一代。

「嗶嗶—火車到站，上車，上車囉！」孩子們拿著火車票一一剪票、上車，滿心期待地參加即將登場的童樂「繪」，聆聽繪本故事。

這裡是南投市中心的「南投區親子館——托育資源中心」，鋪上木地板的寬敞空間，牆上用心布置的南投縣十三鄉鎮地圖、集集小火車、香蕉冰淇淋、水里枝仔冰……隨著四季主題變換登場，今天正好舉辦混齡童樂「繪」講故事，家長們帶著學齡前的孩子前來參與，希望他們能從潛移默化的故事帶領下，認識家鄉。

教室另一個空間，則有不同的風景。

這區是三歲前的孩子活動的地方，老師們正在帶領無尾熊課程，只見家長們蹲坐在地上，陪伴著未滿一歲七個月的孩子翻滾、爬行，時不時還會像無尾熊一樣黏在爸媽身上，孩子們臉上泛起的笑容，就是幸福的感覺。

玩具圖書通通免費借

南投縣托育資源中心是一處免費讓零到六歲孩子遊戲的室內場所，為了減輕家長的育兒負擔，特別針對不同年齡層開辦各種活動。譬如未滿一歲七個月的嬰幼兒，托育中心會有無尾熊課程，帶著孩子爬行、學步、律動，並舉辦收涎、抓週、爬行比賽和慶生會等活動，讓家長可以參與孩子成長的重要歷程，留下美好回憶。

至於一歲七個月到三歲前的幼兒，跑跳就如同小袋鼠般，所以中心規劃小袋鼠課程裡，以感覺統合活動為主。像讓孩子體驗駕駛員考照，傳遞交通安全知識，或是運用多樣藝術素材發揮創造力，訓練手部肌肉與手眼協調能力。

除了感統活動之外，中心還會舉辦講故事、戶外主題課程、親子教育講座，甚至是「爸爸去哪兒」主題活動，鼓勵父親投入親職教育，像是帶著孩子一起前往信義鄉認識布農族文化、ＤＩＹ搗麻糬、竹筒飯等，豐富家長們的育兒時光。

最棒的是，這些活動統統免費，只要是南投縣的家長、祖父母們都可以帶著孩子前來辦證、事先報名，每場活動限制人數，維持品質。中心還提供外借教具、玩具、桌遊，設計不同年齡層適合的「閱讀包」，方便借回家和孩子共讀。

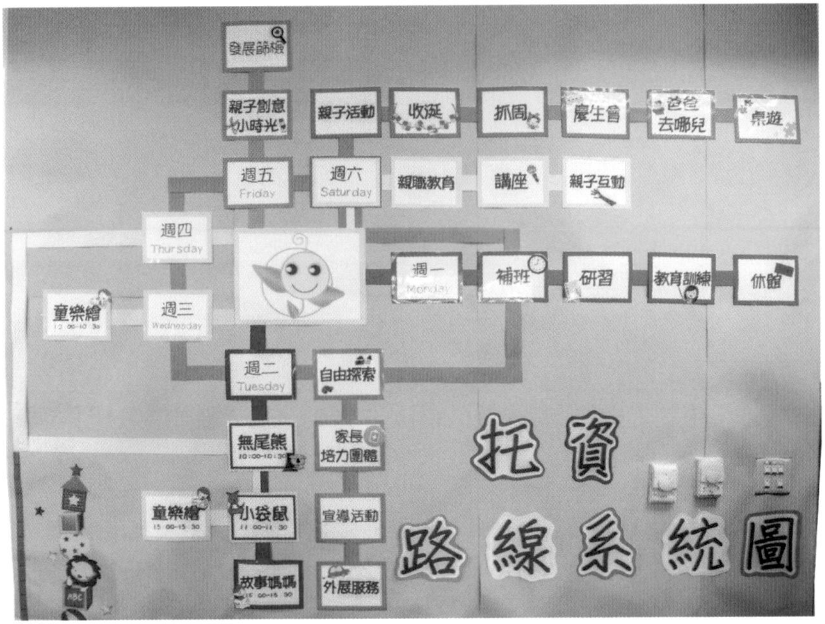

南投縣托育資源中心提供的服務很多元，每天規劃不同主題活動與講座。

只要是南投縣內零到六歲的孩子，都能免費且自由來到托育資源中心玩樂和學習。

托育資源中心定期開著行動bu-bu車，造訪南投縣十三個鄉鎮，進行多項親子活動。

張阿嬤告訴我們，她的孫女七個月大剛開始學爬的時候，就帶她來中心了，現在不到三歲還沒進幼兒園，卻已經懂得許多規矩。譬如到公園玩的時候，不會搶玩具，在遊具上也不會爭先恐後，知道要排隊。

「這些都是老師教她的啦！」阿嬤臉上掩不住的驕傲，是看見孩子成長的喜悅。阿嬤還說，在中心等孩子上課或聽故事的時候，旁邊的家長們都會互相分享育兒小撇步，「我就聽她們說要買小孩喜歡的小內褲給她們穿，這樣她們捨不得尿下去，就會自動戒尿布了，很有效喔！」

中心老師也分享，有位一歲三個月的個案，正處於學發音的階段，卻連「啊、喔」聲音都沒發出。進一步了解孩子在家中的狀況，並轉介到早期療育服務中心（簡稱早療中心），在專業老師的協助下，孩子如今慢慢有了進步。

這正是南投縣托育資源中心與眾不同之處，不僅提供育兒諮詢、開辦課程，老師也會在互動過程中，觀察孩子發展狀況。必要時，可直接轉介到早療中心，進行發展篩檢或相關課程，達到提早預防及治療的目標。

中心也會定期主動出擊，開著滿載教具、玩具、繪本的行動「bu-bu」車，定期造訪南投縣十三個鄉鎮，甚至直達仁愛、信義等原鄉，帶領當地孩子們聽故事，或進行美勞DIY、體能遊戲等各種親子活動。

老師說：「每次孩子們都玩得很盡興，會依依不捨地問下次什麼時候再去。」有時候會有早療團隊的工作人員一起前往，若遇上需要協助的家庭，就可以現場評估，盡早發現、盡早治療。

因應不同地區及年齡層、特質，中心老師還會隨機調整，譬如前往布農族原鄉，就多分享布農族故事，讓孩子們更認識文化中的傳統服飾和圖騰；仁愛鄉的孩子活動力強，老師們便以體能運動或遊戲帶領。

善用閒置空間 成為教保園區

孩子離開托育階段，進入幼兒園時期，又是另外一個生命階段的開始。

這天，走進大成非營利幼兒園，正看到老師帶著小朋友撿拾松果和種子，一邊遊戲，一邊為蒐集勞作素材做準備，老師一邊介紹植物種類，一邊與孩子們討論形狀大小是否適合做成美勞作品，從遊戲中自然養成孩子們判斷選擇的能力。

大成非營利幼兒園由南投縣政府、大成國小、財團法人三之三生命教育基金會合作開辦，是南投縣第一家非營利幼兒園。這裡環境靜謐清幽，有點遠離都市區，擁有比一般幼兒園更為寬敞的教室和校園，而且教學內容豐富多元，是在地家長們趨之若鶩的人氣幼兒園。

二〇一七年，位於埔里的大成非營利幼兒園率先掛牌開辦，大

在南投縣托育資源中心，不定期會舉辦主題式的親子同樂活動。

大成非營利幼兒園的教學內容豐富多元，深受小朋友的喜愛。

成國小校長徐昌義說，受到少子化影響，小學班級數銳減，多餘的教室正好可以騰出來，改建成適合幼兒活動的空間，不但重新活化校園空間，也可以解決目前公立幼兒園數量不足的問題，提供家長更多元的幼兒托育選擇。徐昌義說：「雖然說是挪出來的空間，但許多公共空間都可以共用，包括操場、禮堂、視聽教室，都能夠錯開時間共享。」

回想當初的準備時期，徐昌義坦言，其實原先並無幼兒園的規劃，而且聽說非營利幼兒園通常是由NGO組織來經營，因此，當確定成立非營利幼兒園後，一度擔心是否能夠做得好，例如經費、師資人力、課程安排等。所幸在縣府、三之三生命教育基金會的協助下，一步步順利步上軌道。

設計沉浸式閩南語教學

大成幼兒園的督導吳嘉慧笑說，校長把他們當做國小的附幼，也把幼兒園孩子視為大成國小的學生。如果舉辦園遊會、運動會、晚會等，都會邀請幼兒園師生參與，就像一個溫暖的大家庭。

位在南投的非營利幼兒園，本來就有得天獨厚的自然環境，再加上用心規劃的創意主題課程，更凸顯出獨一無二的教學特色。舉例來說，大成非營利幼兒園便將「南投市閩南語沉浸式教學」融入課程，邀請阿公、阿嬤一起參與孩子的學習活動。

身為督導的吳嘉慧特別以「古早味」主題為例，「一走進教室，你會看到牆上裝飾的壁報，正是孩子們訪問阿公、阿嬤的內容，介紹他們童年的家，再由老師協助孩子們一同繪製而成。」

配合主題規劃，教室一隅有如微型展場。不但有用稻草和泥土做的土角厝模型，以竹子搭建、稻草稈鋪成屋頂的竹屋，還有磚塊、水泥砌成的四合院等；甚至，還展示了阿公、阿嬤舊時播放音樂的唱片、卡帶和隨身聽。這些老派復古物件的重現，著實讓吳嘉慧印象深刻。她表示，這些元素多半是許多現代孩子未曾見過的，承載了過往3C科技的發展歷史與技術革新，同時還能讓孩子理解今日所擁有的快速便利並非一蹴可幾。

除了看得見的古早味之外，阿公、阿嬤也分享了早期的俚語和傳統食物，當孩子聽得津津有味、甚至能以閩南語脫口說出「紅龜粿」、「布袋戲」時，正是把傳統文化融入日常的最佳學習成果。

培養孩子帶得走的能力

吳嘉慧表示，大成非營利幼兒園教學方式，是希望「引發孩子主動學習，以培養孩子帶得走的能力」，因此，不再採用集體式授課，而是讓孩子們分散各角落進行學習活動——在這裡，不會看到整齊坐在課桌椅前認真聽課的樣子，反而會看到孩子用木質積木搭建城堡；或是兩兩相對，專注著眼前的對弈棋局；還有孩子手掌布袋戲偶，正恣意地編創故事、擺動身體，手舞足蹈搬演著。

「這樣做的目的，是讓孩子主動找到最想投入參與的活動，各班也會依孩子不同年齡層調整教具和玩具，」吳嘉慧說，為了啟發孩子的好奇心，老師會鼓勵孩子多嘗試不同區域。像是若有孩子不喜歡閱讀區，就透過互動式講演繪本故事，或是邀請孩子的好友們一起共讀，引發學習動機。

在晨間故事時光，只見共讀空間裡，幾個孩子們早已排排坐好，眼神專注地等待老師翻開繪本下一頁。徐昌義欣慰的分享，幼兒園招生第一年即受到家長們一致好評，也讓原本擔心城鄉差距，而將孩子送到外地念書的家長們，紛紛遷回埔里居住。目前每學期中開放招生，報名人數很快就額滿，為了公平起見，必須透過抽籤，錄取率僅兩成左右。

因為孩子從小就熟悉學習環境，未來銜接上小學，家長也更願意讓孩子留在大成國小繼續升學，巧妙地化解在少子化下，所面臨的招生不足問題，可說是非營利幼兒園與國小共創共好的絕佳案例。

｜聚焦南投｜

家庭兒少福利
開辦非營利幼兒園及托育資源中心

育兒資源	地點
托育資源中心	南投縣南投區親子館 南投縣埔里區親子館 南投縣竹山區親子館
非營利幼兒園	草屯鎮大成非營利幼兒園 南投市德興非營利幼兒園 竹山鎮前山非營利幼兒園 草屯鎮富功非營利幼兒園 南投市營盤非營利幼兒園

為提供嬰幼兒家庭更好的照顧支持服務，南投縣已開辦五所非營利幼兒園，擴大公共化教保服務，減輕雙薪家庭的育兒負擔，並分別於南投、埔里及竹山設置親子館（托育資源中心），提供寓教於樂的親子共同成長分享場所。另外，還有托育資源行動車，將親子館服務行動化，巡迴各鄉鎮，把專業團隊帶進社區，提供家庭兒少照顧及支持福利服務。

草屯國小的「 小草讀冊館 」是南投縣第一所共讀站，是學生們下課後喜歡去的地方之一。

樂在學習

學校，是第二個家

孩子進入小學之後，便進入人生不同階段，這時候最需要陪伴與引導，並養成健康飲食習慣，讓學校就像孩子們的第二個家，幫助他們成為更好的自己。

滿足孩子需要的「課後照顧」

「噹～噹～噹～噹！」放學的鐘聲響起，就讀二年級的育嘉背起書包，走向另一間教室，一週有四天上半天課的他，這學期參加了學校的「兒童課後照顧服務班」（以下簡稱「課後照顧班」），最期待的就是社團時間，想到這裡，腳步也輕盈了起來。

育嘉的父母每天都得忙到晚上六、七點才能下班，起初是奶奶來接他回去，遇到功課不會做，也沒有人可以問，只好等爸爸媽媽回來才能完成，有時整個下午就在看電視中度過。現在有了「課後照顧班」可以讓他度過課後時光，他真的很開心。

根據統計，台灣雙薪家庭比例已接近七成，「孩子放學後該往何處去？」確實讓許多父母費盡心神。有些人選擇將孩子送去坊間的安親班，像育嘉那樣一開始由長輩帶回家照顧的也不少，卻可能面臨長輩體力無法應付小孩、或是無法協助課業的問題，若再遇上兩代教養觀念不同，更是容易引發衝突。

相較於此，每一個孩子都可以自由參加，而且收費較低廉的「課後照顧班」，不僅能夠減輕許多家庭的養育重擔，還能讓孩子強化課業能力、培養興趣以及建立同儕關係。

不一樣的放學時光

值得一提的是，許多學校會以南投在地文化來進行特色教學。例如推動食農課程，讓孩子體驗農夫的生活，一起開墾農田、認識農作物，並以此烹飪簡易料理；開設手工藝創作體驗課程，舉凡竹藝、植物染、鐵線等利用在地素材的創作活動，落實孩子的美感教育；穿上族服跳舞，提升孩子對於原住民文化的認同……

以潭南國小為例，潭南國小校長李岱恩表示，校內學生幾乎都是原住民，家長多以務農或打零工維生，經濟能力較弱，加上信義鄉是所謂的偏鄉，資源較為缺乏，促使這裡的孩子更需要課後照顧的服務。由於潭南國小屬原住民重點學校，成立課後照顧班不需收費，全額由縣府及教育部補助，以減輕家長經濟及照顧上的負擔。內容方面，以課業輔導、生活扶助及體能活動為主。

除了既有師資人力投入外，做為南投縣政府教育處的合作夥伴、近年來積極推動大學社會責任的暨南國際大學科技學院USR

五城國小所規劃的滑輕艇課程，相當受學生歡迎。

團隊，也為偏鄉的課後照顧方面注入力量。

「哇，也太酷了吧！」從魚池鄉的國小開始，團隊先帶來mBlock 競速自走車，當孩子看到輪型機器人自己會走路，還可以透過程式指令前進、後退、撿球、踢球後，紛紛感到好奇且有趣。

看到學生有了正面回饋，並引發學習動力後，他們進一步和校長談合作，教導孩子如何寫程式，訓練邏輯思考能力。此後，團隊與校方逐漸建立起基礎信任，課程也開始向外擴充。從樂高、積木，到雷射雕刻、3D 列印等，包羅萬象。

而被山水環繞的埔里鄉及魚池鄉，也為課程設計帶來靈感與輔助，因為處處都是教室。

譬如，帶孩子在日月潭划輕艇，可以順便撈潭水進行檢測，比較潭邊、碼頭等不同水域的pH值、濁度、溶氧量。結束戶外課程後，回到教室，還能搭配海洋繪本故事、海洋危機環境教育桌遊等教具，讓孩子反思，如果有一天日月潭被汙染、充滿垃圾，無法繼續在潭中划船該怎麼辦。藉由這樣的實地走踏，將水資源環境保育、廢水排放汙染問題，和認識家鄉的種籽，悄悄埋入孩子們心中。暨南國際大學科技學院USR計畫協同主持人呂孟珊說：「運用在地自然資源，不僅可發展出適合當地的里山教育，也讓孩子們有愛鄉護鄉的環境意識，從小扎根。」暨大團隊與伊達邵國小、明潭國小和中峰國小合作，整地、搬磚頭，從無到有打造出小小校園菜圃，讓孩子體驗真實版「開心農場」。

用閱讀跟世界做朋友

場景轉回中興新村，這座仿照倫敦新市鎮田園式設計的城市裡，有一個奇幻閱讀基地，不僅是小學生們釋放想像力好地方，更歡迎社區居民一起來徜徉在文字世界中。

往學校圖書館走去，一推開門，就像進入一個奇幻世界，天花板是一片書牆與宇宙星空相互輝映的意象，分類分區的書櫃，對應了不同主題不同擺設，有太空人、花草人偶、可愛動物模型，甚至還有恐龍，繽紛的色彩、明亮的採光，實在很難將這個空間跟傳統的圖書館形象連結在一起。要不是室內的活絡氣氛，孩子們熱切地討論聲，真讓人有種誤闖異空間的感受。

這裡是光華國小的校內圖書館，也是「社區共讀站」，更是一

暨南國際大學科技學院USR計畫協同主持人呂孟珊（左二）和團隊，與南投縣多所國小合作，發展具在地特色的教育課程。

暨南國際大學科技學院USR計畫團隊曾經在國小導入海洋危機桌遊課程教學，讓孩子們認識和學習海洋生態及環保問題。

光華國小的圖書館兼共讀站是宇宙感風格，尤其是滿天星空的天花板，相當吸睛。

處孩子、家長及社區居民都喜歡駐足逗留的地方。

負責空間改造的設計師張君壘，本身就是學校家長，抱持著為自家孩子設計圖書館的心情，格外有意義。他說：「一般圖書館對小朋友來說，比較嚴肅，我希望可以帶入一些娛樂元素，吸引孩子們進來閱讀。」因此，張君壘在天花板設計實際可以打開的門窗和星空，告訴小朋友：「原來知識寶庫就在我們的頭頂。」只要你願意，打開門窗就可以看到宇宙、走入世界。

設計師也把地圖放上天花板，「小朋友喜歡坐臥在地上看書，以他們的視角這樣看剛剛好。」張君壘還讓北斗七星、天狼座設計成可以旋轉的樣子，結合課本知識，依照科學實據具象化，女兒告訴他：

「共讀站很舒服，很喜歡去。」如此反饋是最大的回報。

一手打造圖書館的光華國小前校長張振肇笑稱，家長們真的是臥虎藏龍，可以邀請到身為設計師的家長重新打造圖書館，也真的是一種緣分，「其實張爸爸住在台中，因為南投中興新村跟光華國小擁有優質的學習環境，才將孩子送到這裡就讀。」

如今，光華國小的學生最愛上的就是閱讀課，雖然每個班每星期至少會安排一次課程，若碰巧沒有上到，孩子還會吵著說：「欠我們一次、一定要補。」校長及老師們看到孩子的轉變，十分感動。

我的圖書館我決定

張振肇分享，當初在討論共讀站主題及相關設備時，學校開了好幾次會議，希望能設計出讓學生、社區居民、志工都能好好利用的空間，最後透過老師命名，全校學生票選，才將主題訂為「閱躍世界，讀步宇宙」。

校內的資深志工說：「以前學校圖書館的書比較舊，場地空間有限，改裝以後，我們重新擺放書籍，有煥然一新的感覺，進來就很舒服，看書環境也很好。」志工們還會利用早自習或者課後輔導時間，輔導孩子課業；社區居民則會帶著學齡前的孩子來看書，順便等著接送下課的哥哥姐姐。

從圖書館變身為社區共讀站，多元的空間利用，藉由「閱讀」，讓學校與社區之間，產生了更緊密溫暖的連結。

往北數公里，看到草屯國小，「一進校門，你會看到一座閱讀城堡，旁邊還有棵百年大樹。在城堡裡，每個孩子都能找到想看的書，和父母一起坐在大樹下的閱讀區，感受徐徐微風，沉浸在書中的想像世界，」草屯國小校長陳文燦表示。

名為「小草讀冊館」的草屯國小社區共讀站，是二〇一八年成立於南投縣的第一所共讀站。圖書館規劃經驗豐富的陳文燦認為，草屯國小社區共讀站的成立格外有意義，象徵閱讀真正走入社區，尤其在高度科技化的現代，彷彿為南投在地注入一股書香暖流，帶動親子的閱讀風氣，更能活絡社區的文化氛圍。

閱讀城堡內，設有圖書借閱區和多媒體區，視覺風格繽紛，還有舒適的彩色桌椅和懶骨頭，同時更定期新增優良讀物以及多媒體影音作品。相信只要在這裡待上一整天，孩子勢必會愛上閱讀。

一到中午，每個小朋友總是津津有味享用著營養午餐。

健康也很美味

每天午餐時間一到，值日生將餐桶用特製推車推到教室，負責打菜的小朋友，戴上食品衛生帽，其他同學拿著餐盒、井然有序的排隊取餐。這裡是南投國小星期三每週一日的特餐日，供應孩子們最愛的義大利麵，還有配菜，令人食指大動。

「兩個孩子放學回家後，時常跟我分享營養午餐有多麼好吃，甚至連假日都吵著要我也煮煮看！」家長黃琇玟笑著表示，雖然基本餐點組合是三菜一湯，有時候搭配水果、牛奶或甜湯，但菜色豐富，例如特餐日會有炒麵或炒飯，配菜也相當多變，讓孩子們吃得開心，而且也讓她很放心，完全不用擔心營養不均衡的問題發生。

營養午餐
滿意度高達 90%

另一位家長許雅清也分享：「每一天學校都會在 Facebook 公告營養午餐的相關資訊，包括菜單、做法、營養成分和學生反應，對品質嚴格管控，讓我特別安心。」更幸福的是，南投的營養午餐是免費的，已經持續十四年不間斷，是全台唯一。

看著小朋友吃得津津有味的模樣，不禁讓人好奇：營養午餐可以做得這麼好吃嗎？

南投國小的營養午餐有口皆碑，可不是嘴上說說而已。首先，必須嚴格把關品質，由學校營養師每天將菜色登錄到教育部午餐食材平台，持續用心經營，還獲得教育部楷模獎的肯定。

其次，學校每天都要進行滿意度調查，由班上的午餐股長負責彙整同學意見，上網填報，調查結果滿意度總是高達九〇%。

最重要的是，營養師還建立一個粉絲專頁，跟家長們互動，聽聽孩子們回家後對營養午餐的反應。有家長曾留言：「營養午餐怎麼能做得那麼好吃？小孩回到家還嫌家裡的菜難吃。」甚至還有家長將孩子轉學至南投國小，就是為了營養午餐。

「大享食育協會」是一個長期關注全台學校營養午餐的民間組織，來訪時留下了令人印象深刻的一句話：「你們的湯是有味道的，而且葷素的湯味道不一樣。」因為許多學校的湯煮得清淡如水，撈不到什麼料，對此，南投國小的營養師林玫杏說：「我會要求湯料的重量大約一個人五十公克，不會讓學生舀起來沒有東西。」

南投縣政府提供國小學童免費營養午餐已持續十四年。

午餐團隊監控 從食材到烹調樣樣在意

南投國小光是一份營養午餐，就從食材、使用者（學生）到家長，進行綿密記錄與調查，背後由時任校長的吳欲豐帶領，組成強大的午餐團隊，包括午餐祕書、營養師、廚師、組長和總務主任。

午餐祕書負責處理行政工作，由學校科任老師兼任。營養師則是專職，負責設計菜單，每學期還要配合衛生局或教育部，到其他學校進行訪視評鑑，目前全南投縣只有五位營養師，其中一位就在南投國小。

林玫杏說，學校最重視食材來源，在選擇上，除了遵守三章一Q的規定（有機農產品、CAS台灣優良農產品、產銷履歷農產品三個標章，及生產追溯QR Code），還特別使用在地食材，吳欲豐說：「不僅符合地產地消的理念，也能幫在地農民銷售農產品。」

好食材有了，美味也很重要。

林玫杏透露，她很重視烹調過程，會和廚師反覆討論怎麼煮才好吃。以蔥油雞來說，烹調雞肉盡量用蒸的而不是水煮，讓雞肉保持原型不散掉，蔥油則另外準備，小朋友吃之前再自行淋到雞肉上，味道才會出來。

因為這樣的堅持，每道菜的處理工序因此增加，不怕麻煩、注重細節，正是美味關鍵所在。「外人看起來，菜單可能沒什麼不同，但是吃起來就是不一樣，」林玫杏說。

另外，為了讓小朋友不挑食，南投國小也十分重視食農教育，讓他們自己種菜，引發對食材的情感與興趣。林玫杏說：「我們不強迫孩子們一定要吃青菜，而是透過教育，讓他自己主動吃青菜。」譬如小朋友最不愛吃的茄子，學校會教他們種植，採收後，在生活課上讓老師直接煮給孩子們吃，大家就樂於接受。

青菜自己種最好吃

吳欲豐很重視營養午餐的改善和進步。譬如廚師工作量大，還要洗餐桶、廚具，於是兩年前添購洗桶機，用蒸氣代替人力。此外，天氣炎熱時，白米放個十幾天就會長米蟲，學校又跟縣政府請購冷藏室來存放白米，讓孩子們能吃到最新鮮的食材。

開菜單也是學問，林玫杏分享，因為菜金有限，又要維持水準，每一塊錢都要斤斤計較，常常因此跟廠商討價還價，才能夠確定菜單。

吳欲豐說，南投縣自二〇〇九年開始，正式開辦全縣國民中小學全面免費營養午餐，運用砂石疏濬收益做為「南投縣資源開發基金」，提撥大約三億元挹注營養午餐經費，補助至今從未間斷，甚至在二〇一八年將福利延伸到縣內九十二所國小附設幼兒園，「對南投國小這種大校來說，每天要供應全校共一千兩百二十七位師生用餐，真的節省很多經費，對家長來說，更減輕不少負擔。」

一份午餐，代表著對國家未來主人翁的關懷與愛，有了縣政府的支援，學校更是如虎添翼，只要專注辦學，用美味守護孩子們的健康，就是最重要的任務與使命。

｜聚焦南投｜

大家一起來閱讀 社區共讀站

2017（10 校）

忠孝國小、草屯國小、太平國小、隘寮國小、北投國小、中峰國小、竹山國小、信義國中、宏仁國中、集集國中

2018（12 校）

平林國小、都達國小、永和國小、過溪國小、新庄國小、大成國小、埔里國小、僑建國小、魚池國中、僑光國小、光復國小、國姓國中

2019（16 校）

大鞍國小、東光國小、福龜國小、鹿谷國中、大成國中、南投國中、潭南國小、土城國小、和平國小、鳳鳴國中、中山國小、坪頂國小、光華國小、雙冬國小、互助國小、水尾國小

2020（20 校）

千秋國小、營盤國小、漳興國小、南光國小、嘉和國小、力行國小、瑞峰國中、旭光高中、草屯國中、名間國中、鯉魚國小、國姓國小、明潭國中、桶頭國小、頭社國小、富功國小、民和國中、愛蘭國小、秀林國小、新街國小

南投縣於二〇一八至二〇二〇設立「學校社區共讀站」，透過改善學校圖書館（室）空間環境，敞開學校大門，帶動社區學習的風潮，吸引社區居民願意親近、喜愛運用公共圖書資源，提高學生、社區民眾及家長參與閱讀的意願。四年以來，共五十八所中小學設有共讀站。

多元領域

培育孩子的數位力與耐挫力

養成孩子具備因應未來世界的能力，是教育核心目標。懂得應用科技解決問題，擁有勇敢面對挑戰的耐挫力，是成為未來人才的關鍵要素。

數位學習更有趣

下午時分，走近教室，看到小朋友們坐在位置上，熟練地操作平板電腦，老師則在講台前使用七十五吋大型觸控螢幕，令人不禁懷疑：這是在上課，還是在滑平板玩遊戲呢？

這裡是僑光國小的智慧教室，眼前這一幕，則是數位學習的日常。老師在螢幕前，早已連結事先上傳教育平台的教案，孩子們則依據老師要求，上網找資料、繳作業，空氣中不再瀰漫粉筆灰，上課也不再只有課本，師生互動、動手實作、團體討論機會變得更加頻繁，學習也因為有科技的加持，變得更好玩。

在疫情來臨之前，沒有人想得到竟然有一天孩子們無法上學，

時任僑光國小校長的侯靖男表示，校內每班都有完善的軟硬體設備，可全心投入行動學習過程。

必須透過數位學習，才能應對停課不停學的狀況。南投縣政府從一○六學年度開始，分三年逐步建置智慧學習教室及校園智慧網路，首先在國小三到六年級、國中七到九年級的教室，建置觸控螢幕、投影設備、資訊應用整合及音訊設備，而僑光國小更是超前部署，全校皆已完成數位教室的建置。

時任校長的侯靖男說：「一到六年級都已有觸控螢幕、電腦、水擦黑板，且每班建置無線網路，投入行動學習完全沒有問題。」

僑光國小算是南投縣發展數位教育跑得比較快的學校，早期就開始透過行動學習，善用手機、平板等載具，甚至配備相機、攝影機、空拍機，融入到課程設計中，侯靖男說：「學生要做紀錄，不一定要拿筆記本，可以用相機、平板、手機，拍攝照片或錄影，達到行動學習的目的。」

不僅運用行動載具，更重要的是採用PBL（Problem-Based Learning，問題導向學習法），讓小朋友自己發現問題，並透過討論、運用科技來找到解決問題的方法。

譬如說，學校附近稻田居多，許多家長以務農為主，學校特別規劃「科技農夫」課程，以「魚菜共生」為主軸設計課程。

侯靖男說：「剛開始種的菜長得不好，魚也常常死掉，為了找出答案，老師帶著學生運用平板電腦，上網蒐集資料，找出水池優養化的原因，再利用電子顯微鏡檢視水池藻類多寡，實地參訪魚菜

僑光國小的學生透過「智慧節能屋」等數位課程，能學習如何運用科技能力，從環境中改善生活。

共生農場，並訪問專家。」在過程中，孩子們學到改善水質的知識及方法，練習操作攝影器材，用影像做紀錄，更了解如何運用小面積產生高經濟價值的科技農業做法。

還有一堂「科技小漁夫」課程，讓孩子們利用樂高積木設計外型，結合micro:bit的馬達控制功能，完成可定時定量投入餌料的自動餵魚機，解決了假日沒辦法餵魚的困擾，也降低了小魚存活率不高的問題。

「在訓練運算思維當中，孩子們學會了寫程式，更懂得如何在生活中發現問題、解決問題，這是推動數位學習的最大收穫，」侯靖男說。僑光國小的學生洪湘雅則分享：「樂高積木很好看，做出的東西又可以餵小魚吃飼料，我覺得很有成就感。」

學習方式改變，老師也不能停留在傳統教學。侯靖男直言：「Google大神比我們厲害，什麼都可以查得到。」因此教導學生如何尋找、過濾、整理資料，然後經過轉化變成實用知識，同時培養孩子獨立思考、自主學習的能力，將成為教學重點。「當孩子發現問題，但不知道如何解決時，老師不是告訴他答案，而是引導他找答案的方法。」

一〇八課綱實施之後，教育強調自發、互動，對侯靖男來說，「共好」也是不可或缺的重要價值。「我們要讓孩子學習跟環境、生態共好，和周遭人事物共好。」

為此，學校參加「看見家鄉」專案，讓小朋友親自寫腳本，從認識家鄉開始，出動空拍機、學會影片剪輯軟體，最後做成一部三到五分鐘的短片，發表時獲得好評和掌聲，小朋友們也都很感動。

推動數位教育三年來，侯靖男看到孩子的改變，從一開始害怕遇到問題，到後來有信心面對並解決問題，「帶著走的能力」已在南投孩子們身上根深柢固，將陪伴他們迎接未知的挑戰。

學校甚至安排小朋友參加教育部在世貿的台北資訊展，擺設攤位，與民眾面對面，介紹學習成果。「孩子累積了成功經驗，對自己有信心，自然會提高學習興趣，是推動數位教育帶給孩子收穫最多的地方，」侯靖男說。

運動鍛鍊體能與心理素質

擁有數位及科技能力，就能掌握應對世界的具體技能；但要面對未知的挑戰，則需磨練超強意志力、堅毅力與耐挫能力，甚至團隊合作及整合能力也很重要，這一點得從推廣體育活動做起。

伴隨上課鐘聲響起，走進位在仁愛鄉武界部落的校園，這座迷你小學，師生總人數不到百人，卻接連在全國棒壘球比賽奪冠，為南投縣寫下歷史紀錄。

法治國小坐落在海拔一千公尺高山深處，距離市中心遙遠，學校背面是整片綠意與連綿山頭，雖然擁有渾然天成的自然美景，讓人不自覺用力深呼吸，但教學資源卻相對有限。

校長周詠菡家住埔里市區，每天開車通勤上下班。身為賽德克族的她，從小在仁愛鄉長大，國中時離鄉背井到山下求學，親身經歷教育經費短缺，偏鄉學生學習競爭力與適應力不足的問題。

「以前當老師的時候，我就有一個想法，要讓山上的小朋友，也能享受到山下的教育品質，」周詠菡說。

因緣際會下，周詠菡被調派到法治國小，至今已有六年時間，她長期投入布農族孩子的藝術美學啟蒙課程，推廣多元閱讀，成立歌謠隊，保留傳統音樂文化，也相當重視國小孩童的體育發展，周詠菡說：「偏鄉孩子需要很多機會跟舞台，打棒球對他們來說，無疑是一種尋覓出路的升學管道。」

「或許從一般世俗眼光看來，打棒球的孩子都沒在認真讀書，其實投入棒球訓練，對人生有許多正面幫助，」周詠菡觀察，小球員利用課後時間練球，需要遵守團隊紀律，努力在球場上有亮眼表現，強化企圖心，期待讓體育天賦被看見，在山谷間享受揮棒投擲的樂趣，揮灑汗水，也能釋放孩子們的好動與精力。

棒球教育的目標，並非只是培養孩子成為一名職業球員。周詠菡說：「我看見孩子的自信心，從打棒球過程中逐漸建立；在球場上閃閃發光的經驗，會成功移轉到其他科目的學習動力上，讓孩子們知道，透過努力就會有所收穫。」

而一位棒球員的訓練及養成，不僅發揮體能天賦，更是藉由每日訓練，從團隊生活中磨練人格態度，甚至是領導力。只要體能和

法治國小內設有藝術美學啟蒙課程，同時積極推廣多元閱讀活動。

心理素質禁得起磨鍊，就有機會爭取更多「未來的選項」。

譬如成功轉任台中市萬豐國小Full-Time Coach（專任運動教練）的何振康，就是法治國小的第一屆棒球隊員。他和時任總教練的洪珍妮合作，指導棒球隊的學弟妹們，與千秋國小、新街國小、新豐國小組成南投少棒隊，在二〇二〇年奪得TOTO盃全國少棒錦標賽冠軍，以及U-12壘球亞洲盃選拔賽冠軍。

培養團隊精神更勝輸贏

而總教練洪珍妮，是棒壘球隊的靈魂人物，締造出南投縣史上第一次贏得三級棒球中華隊代表權的成績，也是三級棒球中華代表隊第一位女性總教練。

和好萊塢電影以培訓菁英球員為重的魔鬼訓練不同，洪珍妮認為，在偏鄉學校當棒球隊教練，除

法治國小校長周詠菡（後排右六）和時任棒球隊總教練洪珍妮（後排右七），希望透過棒球教育，讓孩子建立自信心。

了熱忱和責任心，更要以教育機會均等的角度來審視，屏除先入為主的觀念，靈活變通教學技巧，落實因材施教。

「我們要讓所有小朋友都有重新來過的機會。就算遇到問題學生，不要只是盯著他的缺點，試著把優點放大，讓他知道教練重視、尊重他，更能激發向上的意願。」洪珍妮分享，無論是曾經蹺課，或是動作不協調的孩子，都必須給予平等對待，培養出孩子們的榮譽心及參與感，進而凝聚團隊向心力，才是球隊成功關鍵。

八年來，洪珍妮帶過的小球員不計其數，親眼見證孩子的成長和心態轉變，最讓她由衷的滿足和開心。「以前不愛寫功課的小朋友，讓他當小隊長，同時給予壓力，表現不稱職，就會改由其他人來擔任。」因為擔任隊長，會激發他們的榮譽心，開始自我要求，期許樹立榜樣，進而培養責任感、堅毅力及耐挫力，翻轉孩子對待身邊事物的觀點和態度，影響人格發展。

「每次要去比賽時，我都會告訴隊員：你們不用擔心，輸贏不重要，輸贏我來扛，當成遊戲就好。闖了一關，過了，再闖一關……」洪珍妮的帶隊方式，是從失誤中記取教訓、刺激成長，並以自身經驗分享賽場上瞬息萬變的狀況，往往可以在頃刻間扭轉局勢，因此即使落敗，她也不歸咎和指責，培養戰勝逆境的態度，才符合教育真正的意義。

她也鼓勵女孩們應該積極參與運動競賽，不要因為性別而畫地自限。「不怕吃苦、不要認輸、自我要求，要想著同樣是人，都做得到。」

聯合偏鄉小校成立夏令營

除了教學，洪珍妮也不斷思考如何整合偏鄉資源，精進提升隊員球技。她邀請同樣在偏鄉小學擔任教練的朋友，聯合成立「洪家班夏令營」。每年暑假由各校輪流做東道主，負責球員膳宿，舉辦集訓。一方面安排不同教練，教授不同訓練課程，一方面也讓孩子們有機會重新組隊，打友誼對抗賽，藉此發現各自的優缺點，精進球技，「洪家班夏令營」開辦至此，已經成為熱門搶手行程，甚至吸引其他學校報名參與。

談到南投少棒隊組隊所面臨的挑戰，洪珍妮說：「十分感謝縣政府編列預算、改善練習場打擊網架和護網設施。」但偏鄉地區要召集足夠的人數規模成隊，並不是件容易的事情。

因此，她希望地方有挹注更堅實的資源在推廣體育教育上，讓偏鄉孩童不因家境環境而感到自卑，而球隊也可以積極取代家庭功能，彌補因環境所形成的弱勢缺角。因此，法治國小目前正向政府爭取，希望提供棒球隊孩子的住宿空間，一來集中訓練，二來也能讓孩子有一個安心歸屬的地方。

若偏鄉教育的本質在於「改變」，法治國小棒球隊在全國賽所贏得的優異表現，或許能視為一個驅動開端，將眾人的目光推向對偏鄉教育的實踐與重視。

｜聚焦南投｜

郭董棒球場
南投棒球發展基地

過去，南投縣內缺乏標準棒球場地，培訓選手倍增困難。在永齡基金會贊助下，於南投市貓羅溪畔打造了一座具備訓練、比賽及選手集訓住宿的棒球基地；二〇一七年六月二十九日，被南投人暱稱「郭董棒球場」誕生了。

這座棒球場是標準的青棒級場地，面積三萬六千九百二十二平方公尺，包括兩層樓選手休息訓練中心、一座簡易室內打擊場，對於銜接大南投地區各高中、國中、國小棒球運動的發展有助益，成為培訓優異基層棒球選手的最佳搖籃。

合歡山

後記

南投

質樸且溫柔的力量

政治和行政的相處，一直是行政學上一個重要的課題。在台灣的島中央，它們以一種質樸又溫和的方式，顛覆了都會區的慣行模式。

拿著二〇一九年度財政部債務考核評定全國第三名的獎牌，南投縣政府財政處處長李良珠還是難掩激動：「像我們這種窮縣，要拿到這個談何容易？」

被廠商催款的政府

過往南投縣的財政資料，確實艱辛。二〇一五年十二月三十一日，南投縣政府的遲延給付債務達到四十二億元，透支也逼近法定門檻六十億元，達到五十八億元，等於能夠透支的金額差不多都透支完了。曾有媒體比喻，縣府的財政狀況彷彿住進加護病房的病人。

龐大負債為縣政運作帶來沉重壓力。那時候，縣府幾乎所有支出都是延遲給付，連員工的加班費、差旅費都是。和廠商簽訂契約時一定要加註條款：中央款延遲給付兩個月、縣府自籌款延遲給付四個月，以免屆時延遲給付還要增加利息。財政處裡，不論財政科或支付科，每天大概有一半時間都在接廠商的催款電話。更糟的是，已經負債沉重，每年還要為了債務，支付給銀行六、七千萬元的利息。

二〇一六年起接任財政處處長的李良珠，記得縣長林明溱就只交代了一句話：「債不留子孫，錢要發得出去。」

想辦法，就有辦法

為了扭轉財政困境，縣府先從節流下手。縣府各局處原本都有些基金或專戶，各自管理，這些錢放著雖然可以賺利息，但借貸的利息一定比定存利息高。財政處將各部會的專戶集中起來，放在縣戶設帳號統一管理，在資金調度上靈活許多。

部分資金不需再向銀行借款，省下不少利息錢。

林明溱本身是建築專業出身，審核各項工程預算時，總是能一眼看出哪些錢可以省下來。有次工務處編了五千多萬元預算做施工便道，他立刻反映：「這給砂石車過而已，不需要做到這樣，花一千萬元就夠了。」

李良珠過去在國有財產署的工作經驗，也幫了不少忙，「我盡量輔導各局處，建設時能夠用國有土地的話，就不需要徵收私有土地，這些錢都省下來。」像是竹山警察分局辦公廳舍老舊，原本規劃好原地重建，但文史團體主張保留日本時期的宿舍群與防空壕。

老建築不拆的話，新建案就只能另外花錢買地，只是財政艱困，哪來的錢呢？工程案一拖就是五年，遲遲無解。

最後，想出了以地易地的妙方。由於國產署本來就要整合中興新村的零星用地，縣府以中興新村的國有地交換國產署在竹山的國有地，終於成全各方需求。南投縣政府大約省了一億五千多萬元的買地錢，不但把辦公廳舍蓋好，又滿足文資需求。

事實上，這幾年下來，南投縣的建設用地都盡量秉持「化有償變無償」的原則，國有地的利用達到二十五公頃多，大約省下七億多元的經費。他們也致力於活化公有財產，不論是公有地的處分標售、出租、促參，或是和國產署合作開發等方式，這幾年收到的售價、權利金、租金已經達到兩億多元。

未來在五大園區開發完成之後，不僅可以幫助在地產業發展，土地開發標售更將挹注縣庫二十億元以上。聚沙成塔，縣庫逐漸充實。

從二〇一五年至今，縣府爭取到的中央補助已達兩百八十億元，李良珠表示：「財政有辦法大幅度改善，跟積極爭取中央補助也有關係。」

南投縣，翻轉財政減債 75.6 億元

（資料來源：南投縣政府）

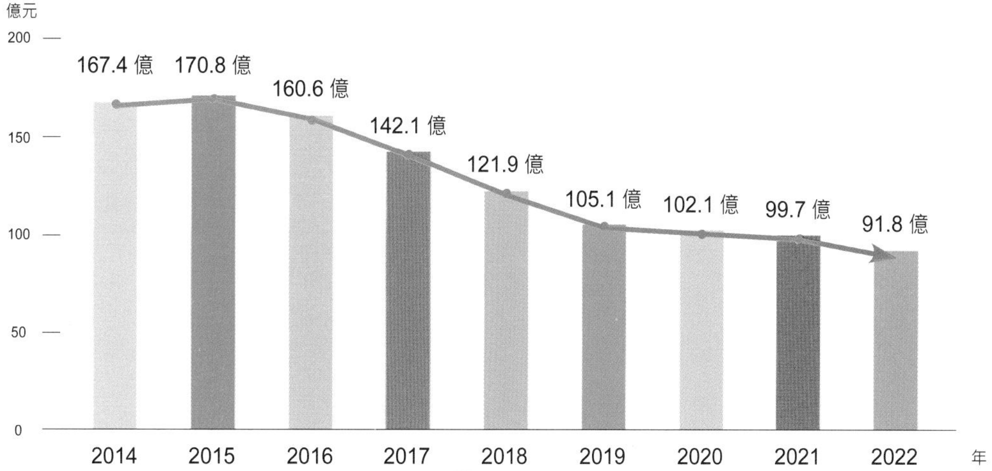

雙龍七彩吊橋是全台灣最長、最高的吊橋，一開幕就爆紅，遊客絡繹不絕。

目標正確，目的地就不會太遠

林明溱以「觀光首都」為施政主軸，期盼藉由觀光吸引人潮、創造錢潮，也讓每項觀光建設都成了縣庫金雞母。李良珠笑道：「很多開發景點的創新點子都出自縣長，曾經看過他晚上兩點多有Line，四點多Line又來了，我們私下都笑他是無敵鐵金剛，可能都睡不著，滿腦子在想錢、想創意。」

以二〇二〇年六月開幕的雙龍七彩吊橋為例，盡頭的雙龍瀑布在九二一地震之前原本是個超過一百公尺的巨瀑，地震之後地形錯位，成為上下兩層瀑布的特殊地形，林明溱對這裡的觀光潛力深具信心。但原先瀑布前只有一個老舊的水管橋橫跨峽谷，光用看的就覺得危險，更別提吸引遊客了。

於是，縣府另行規劃雙龍七彩吊橋，橋身不只有七種色彩，還有高低塔交叉運用，高度近四十層樓，長度達三百四十二公尺，成為全台灣最長、最高的吊橋。種種絕無僅有的特色一開幕就爆紅，不到一年就累積上千萬的門票收入。

早在二〇一五年就開放的清境高空步道也是一樣，即使門票只有五十元，累積至今收益已達一億多元。南投縣政府觀光處處長陳志賢表示：「我們觀光設施可以吸引人潮，主要在於試圖營造特色，創造唯一性。」

這些新開發的財源是縣政運作的重要支柱。南投縣從二〇〇八年開始疏濬拍賣土石，並開徵土石特別維護稅，至今兩者已累計達約七十八億元。這些經費拿來支付縣內免費營養午餐，使得南投縣成為全台少數從公幼、國小到國中，全面供應營養午餐的縣市。南投縣政府教育處長陸正威估計，「這等於一個孩子從公幼念到國中的話，至少可以吃到十三年免費的營養午餐。」

民情，藏在細微處

林明溱二〇一四年上任時，縣府負債一百六十七億餘元；二〇二二年十月，縣府負債減至九十一億餘元，八年任內還債減債達七十五・六億元。以前一年要付六、七千萬元的債務利息，現在全部省下來了，一毛都不用付。不僅如此，因為縣庫有錢，還可以反過來向銀行收利息，且所有應付款項都準時給付。曾有議員開玩笑表示，以前可以把催款當做選民服務，現在就少了這個機會。

另外，林明溱對喪家探視非常重視，下班後閒暇幾乎都在縣內趴趴走，曾創下三天走訪五十八個告別式及喪家的紀錄。

有回林明溱到喪家弔唁，發現這戶人家的孫子因為車禍走路跛跛的，需要電動代步車但無力購置。南投縣政府社會及勞動處處長林志忠回憶：「縣長馬上就交辦，囑咐有補助就補助，不足的部分就用急難救助金或縣長慰問金。」後來了解之後，發現對方確實符合補助資格，媒合輔具資源中心，將庫存的二手電動代步車維修後直接送給他。

有次，陸正威陪同林明溱到國姓鄉視察，看到一個小孩子斷指，「縣長忍不住流下眼淚」。那位斷指小孩的家裡養鹿，媽媽是外配，因為幫忙裁切牧草餵養水鹿，手指不小心被機器切斷。離開之後，林明溱指示陸正威深入全南投縣一百多所國中小學進行了解。

南投縣縣長林明溱經常巡迴各鄉鎮，舉辦「縣民時間」。

經教育處調查，全縣約有一百多位學生屬於類似案例，他們大多來自隔代教養、單親新住民或父母已歿、兄妹代養的家庭，謀生能力弱但被排除在社福系統之外。陸正威解釋：「像部分原住民雖然家裡有一大片土地，但那都是原住民保留地，不能買賣也沒有任何經濟效益，卻可以讓他們過不了中低收入戶門檻。」經教育處造冊列管後，每個學生家庭由林明溱親自發放一到三萬元的縣長慰問金並啟動急難救助機制，希望這些孩子能安心學習，有更好的發展。

南投縣政府祕書長洪瑞智表示：「我覺得他做到苦民所苦。」林明溱經常巡迴各鄉鎮舉辦「縣民時間」，聆聽縣民心聲。

例如有位老伯伯常客，他從九二一地震後就開始陳情——原來，他的土地在九二一之後滑動到草屯山下，後來公所開闢馬路，卻沒有付徵收費用給他，老先生氣得不得了，四處陳情又放話封路，抗爭愈來愈激烈。林明溱上任之後有意處理，但由於馬路開闢已久，公所不願意負擔費用，如果要補償，全數得由縣府處理。幾經考量，林明溱裁示：「沒關係，查清楚之後，如果法令上可以徵收就做，不要讓老阿伯為了這個到處奔波。」最後，縣府自行吸收五百萬元的補償費，讓事件順利落幕。這就是林明溱推動縣民時間想要達到的效果。

南投縣政府計畫處處長蕭文呈說，林明溱進一步創新設立的「聯合審查中心」，就充分發揮「站在民眾角度、為民眾著想」的作用，將建管、都計、農業、觀光、地政等攸關民眾權益、法令繁雜的案件，由該中心受理，直接聯合各業務專責單

為了讓九二一震災戶和弱勢戶有自己的家，南投縣政府修改相關法規，讓居民可以相對優惠的價格購屋，入住平價住宅。

位，同步有效地加速申請審查作業，更重要的是，能讓民眾一次補齊不足文件證明，避免再讓申請民眾徒勞往返，還滿心惶惶不安。自二〇一六年到二〇二二年，聯合審查中心共受理三千八百二十八件申請案，結案三千七百九十五件，結案率高達九九・一四%。

當違法遇到想辦法

九二一震災戶平價住宅，也是個拖了一、二十年，而遲遲無法解決的案例。

當年為安置九二一地震災民及弱勢戶，南投縣內興建有六處平價住宅，並依照《九二一震災重建暫行條例》相關規定，以「先租後售」提供災民和符合資格者承租，未料該條例在二〇〇六年廢止，後續讓售作

業因此停擺，平價住宅居民則無力以中央標售價購買而向縣府陳情，盼以合宜價格承購。

然而，所有相關機關都告訴林明溱：這項要求於法無據、於法不可行，公務人員必須依法行政，縣府無法處理。林明溱便告訴南投縣政府建設處處長李正偉：「只要不會抓去關，就修法吧。」

林明溱要求建設處想辦法在兩個環節突破法令：一，之前住戶十幾年來所繳的租金折抵售價；二，土地用公告現值，建築物用殘餘價值計算。也就是說如果住戶在一間房子已經住了二十年，那麼該屋只用剩餘三十年的殘餘價值計算，價格會便宜許多。

最後，縣府修改《縣有財產管理自治條例》，不但獲議會支持，中央也同意這項政策。全案分成三期辦理專案讓售，目前八十四戶平價住宅已經售出，而且居民全數入住。

載著眼科儀器，深入偏鄉

全南投縣只有二十四位眼科醫師，而且大多分布在草屯、竹山、埔里等大型鄉鎮，甚至有六個鄉鎮連一位眼科醫師都沒有。為此，南投縣政府衛生局特地拜託鄰近醫學中心到這六個鄉鎮的衛生所開設眼科門診。但有了人還不夠，沒有儀器設備依舊無法看診，而六個衛生所需要六套儀器，所費不貲。於是，衛生局腦筋一轉，場所不動機器動，花四百萬元購買四項眼科儀器，醫師到哪裡，設備就跟著運過去，省下不少錢。

不只如此，後來衛生局又募到一部眼科巡迴醫療車，由驗光師公會率領多名驗光師，巡迴一百八十幾個偏鄉為長輩進行眼睛檢查，檢查資料會傳送至竹山秀傳醫院，由眼科醫師判讀結果，之後若需進一步用藥或手術，再由衛生局人員協助轉介治療。一條龍的服務，省去長輩諸多來回奔波的時間，每次巡迴到社區，都深受長輩們歡迎，紛紛扶老攜幼出來。衛生局表示：「很多長輩都有三高，像是糖尿病容易造成視網膜病變，所以我們過去，他們都很高興。」

鄉村的阿嬤「公車學」

南投縣是台灣面積第二大的縣市，幅員遼闊，群山林立，醫療院所又少，許多偏鄉長輩就醫十分不便。有次林明溱到魚池鄉，看到一個阿嬤提著包包等公車，詢問後才知道阿嬤要到埔里做復健。復健可能需要六十至九十分鐘，有時電療半小時就結束了，但來回車程加上等車時間，卻花掉阿嬤四、五個小時，小小一件事變成一個好大的工程。

就這樣，魚池鄉衛生所和台中榮民總醫院埔里分院合作，二〇一九年在魚池鄉開設全國第一個設在衛生所的「埔榮物理治療所」，二〇二〇年國姓鄉衛生所得到埔里基督教醫院支持，成立國姓埔基物理治療所，二〇二二年則在中寮鄉衛生所成立埔基中寮物理治療所。衛生局表示，未來還會陸續在鹿谷鄉等偏鄉，布建物理治療網絡。

由於人口密度不高，南投縣的公車班次不像都會區那麼密集，離峰時間可能每三十至四十分才一班，夏天烈日冬天寒風，長輩常常在站牌下等得很辛苦。經費有限，增加公車班次是不可能的，於是衛生局再次山不轉路轉：既然不要讓長輩等得很辛苦，那麼，就請他們在醫院裡等，公車快到再出來就好。他們和計畫處合作「公車到站系統」，哪幾班公車什麼時候到醫院都一清二楚，等時間快到了，醫院志工再提醒長輩去站牌搭車即可。

這項措施，同樣造福了埔里某間精神照護機構。由於此機構需輔導病友外出工作，但公車站牌離機構有段路，路上又不時有砂石車呼嘯而去；好不容易走到站牌，公車又不準時，有時和表定時間差了二、三十分鐘；為了避免搭不到公車，病患都要提早四十分鐘出門等公車。當此機構知道這套到站系統之後，主動和衛生局聯絡、安裝，總算讓病友們可以更從容的出門。

擴大假牙補助

「砰！砰！砰！」「有人在嗎？」「我是縣長啦！」「我是林明溱啦！」「我送錢來啦！」民眾因為裝假牙而請領補助款，林明溱親自送到家，服務鄉親，沒想到民眾誤以為詐騙來了，拒絕開門。這件事甚至還被媒體報導──南投縣長想扮財神，財神卻吃閉門羹，讓人覺得不可思議。縣長被當成詐騙分子，全台灣恐怕找不到第二個案例。

林明溱任內擴大老人假牙補助，政策一推出，大受歡迎，申請名額很快就額滿。為了讓政策更周延，林明溱請幕僚安排行程，他想親手將補助款發給老人家，還可以從老人口中，找到還有什麼地方需要加強、改進。

有一次，縣府和民眾約時間，安排林明溱親自發給假牙補助，沒想到有一位民眾缺席；林明溱特別查看民眾住址，發現就住在名間鄉，離縣政府並不遠，臨時決定親自將這筆錢送

到民宅。

那時候已過下班時間，天色昏暗，林明溱由隨扈陪同，按址找到民眾住處，只是到現場才發現，這戶人家鐵捲門拉下。林明溱待在門外，只能呼喊、不斷敲門，就這樣過了十來分鐘，沒人搭理，直到住戶發現不對，才開門招呼。

「縣長喔！」「歹勢啦！」「聽到有人敲門，我會怕！」「我打電話給孩子，說有人在外面敲門」「孩子說可能是詐騙來的，要我千萬不要開門！」「沒想到是縣長……」林明溱表示，縣長八年，這件事最讓他印象深刻，永遠都忘不了。

晨運順便掃地的「阿伯」

在許多人眼中，林明溱就是個「非典型」政治人物，因為他的身影，不只是在辦公室或媒體影片才看得到；「茶伯」、「掃地阿北」、「歐吉桑」反而是更多民眾熟悉的稱呼與形象。

原來，林明溱有晨運的習慣，還會順手打掃環境，有一次在體育場掃地時被民眾拍照po上網，他也只是淡淡的說：「實在是看到環境髒亂受不了。」

最令縣府團隊印象深刻的，就是二〇一七年林明溱宣布「南投縣可能不施行一例一休」。當時的林明溱冒著被「眾人嫌」的風險，強調他的立場：若這項措施會讓人民生活陷入困苦，那寧可不推行，還因此登上了報紙全國版頭條新聞。

同樣也是全國矚目的新聞，二〇二一年五月二十五日，在全國處於COVID-19疫苗極度欠缺的情況下，林明溱率先召開了縣府希望自行採購疫苗的記者會，雖然未獲衛生福利部疾病管制署的承諾，但鴻海的永齡基金會、台積電、慈濟基金會，隨後也在六月陸續宣布購買BNT疫苗捐贈政府的意願。

回顧三十餘年的從政歲月，林明溱表示，有兩個人深深影響了自己。

第一位正是林明溱的父親林錦華。「我家以前開碾米廠，曾有窮困的人來到米行前，手拿袋子，卻不敢開口說要買米，我爸爸見狀總是主動開口：儘管來拿米，有錢再還就好，」林明溱說。另外，「小時候家門前有個公車站牌，我父親常看到家長帶著生病的孩子搭車到城裡就醫；不管和對方是否熟識，他總是會主動上前打招呼，詢問『有沒有帶錢？』一發現對方手頭不方便，就會主動塞錢過去。」

回憶起這幅超過半甲子的景象，林明溱眼眶泛紅，幾乎快掉下淚來。

另一位，就是曾任司法院院長、台灣省政府主席的林洋港。林明溱強調：「他是我最欣賞的政治人物，做事非常有魄力。像是當初興建翡翠水庫時，雖然承受非常大的壓力，但是林洋港仍堅持繼續做下去。今日來看，如果沒有翡翠水庫，台北都會區的水源供應堪慮。」

二〇一八年競選連任時，林明溱以六十六・七二%全國第二高得票率獲得縣民支持。或許對於位在台灣島中央的這群人來說，光鮮的外表從來就不是最重要的；重點其實非常簡單，只是一種懂得面對民眾需要的真心感受。

而這種感受，讓政治和行政在南投，走到了同一條路上，取得了溫柔的平衡。

｜聚焦南投｜

全台最高海拔的鄉道

剛上任縣長不久，林明溱會勘投 89 線（力行產業道路）時，曾有一位路過民眾怒喊「這是全台最爛的道路」。

投 89 線長達 53.23 公里，維護相當困難，雖然沿線只有三個村、三千多人居住，但林明溱已會勘 28 次，目前這裡的交通狀況大幅改善。

社會人文 BGB544

中間‧中堅 島嶼中心的不平凡

作者 —— 駱亭伶、李政青

企劃出版部總編輯 —— 李桂芬
主編 —— 羅德禎
責任編輯 —— 郭盈秀
美術設計 —— 劉雅文（特約）
文稿處理 —— 江明麗、秦雅如、陳意華、韓小蒂、黃薏芠、游姿穎、吳亭諺、楊芷菡
攝影 —— 黃鼎翔（24、27、38、43、51、57、59、61、65、68、71、75、76、79、80、83、84、87、88、93、95、97、98、101、105、107、112、115、116、119、120、122、125、129、134、140、141、143、144、145、149、150、151、153 右下、155、156、158、159、161、163、169、172、173、177、178、179、186、187、189、190、193、199、201、203、205、207、209、211、212、214 下、235、249、250）；賴永祥（271 下）、胡景南（218、219、222 上）
圖片提供 —— 南投縣政府（9、12、13、15、16、19、20、21、23、29、30、32、33、34、35、36、41、44、46、47、48-49、53、55、63、64、72-73、91、100、102-103、104、126、136、137、138-139、147、153、165、182-183、184-185、195、196、214 上、216-217、222 下、223、225、226、229、230、233、236、238、240、243、245、246、253、254-255、256、260、263、265、271 上）；茶輕代（50）；Shutterstock（66、175）；微熱山丘（106、109、110）；妮娜巧克力（133）；山間良物（171）

出版人 —— 遠見天下文化出版股份有限公司
創辦人 —— 高希均、王力行
遠見‧天下文化 事業群董事長 —— 高希均
事業群發行人／CEO —— 王力行
天下文化社長 —— 林天來
天下文化總經理 —— 林芳燕
國際事務開發部兼版權中心總監 —— 潘欣
法律顧問 —— 理律法律事務所陳長文律師
著作權顧問 —— 魏啟翔律師
地址 —— 台北市 104 松江路 93 巷 1 號
讀者服務專線 —— 02-2662-0012｜傳真 —— (02) 2662-0007；(02) 2662-0009
電子郵件信箱 —— cwpc@cwgv.com.tw
直接郵撥帳號 —— 1326703-6 號　遠見天下文化出版股份有限公司

製版廠 —— 中原造像股份有限公司
印刷廠 —— 中原造像股份有限公司
裝訂廠 —— 中原造像股份有限公司
登記證 —— 局版台業字第 2517 號
總經銷 —— 大和書報圖書股份有限公司／電話 —— (02) 8990-2588
出版日期 —— 2022 年 11 月 25 日第一版第 1 次印行

定價 —— NT 500 元
ISBN —— 978-986-525-993-8
EISBN —— 9789865259952 (EPUB)；9789865259945 (PDF)
書號 —— BGB544
天下文化官網 —— bookzone.cwgv.com.tw

國家圖書館出版品預行編目(CIP)資料

中間‧中堅：島嶼中心的不平凡／駱亭伶,李政青著. -- 第一版. -- 臺北市：遠見天下文化出版股份有限公司, 2022.11
面； 公分. -- (社會人文；BGB544)
ISBN 978-986-525-993-8(平裝)
1.CST: 公共行政 2.CST: 產業發展 3.CST: 南投縣
575.33/119　　111018738